Jochen Reiss

111 Orte im Alten Land, die man gesehen haben muss

111

emons:

Bibliografische Information der Deutschen Nationalbibliothek
Die Deutsche Nationalbibliothek verzeichnet diese Publikation
in der Deutschen Nationalbibliografie; detaillierte bibliografische
Daten sind im Internet über http://dnb.d-nb.de abrufbar.

© Emons Verlag GmbH
Alle Rechte vorbehalten
© der Fotografien: Jochen Reiss
© Covermotiv: shutterstock.com/Lyubov Tolstova
Layout: Eva Kraskes, nach einem Konzept
von Lübbeke | Naumann | Thoben
Kartografie: altancicek.design, www.altancicek.de
Kartenbasisinformationen aus Openstreetmap,
© OpenStreetMap-Mitwirkende, ODbL
Druck und Bindung: Grafisches Centrum Cuno, Calbe
Printed in Germany 2020
ISBN 978-3-7408-0810-5
Originalausgabe

Unser Newsletter informiert Sie
regelmäßig über Neues von emons:
Kostenlos bestellen unter
www.emons-verlag.de

Vorwort

Das Alte Land ist ein junges Land. Wer den jungen Obstbaumeister Rolf Lühs und seine Schwester Meike trifft, spricht mit der Zukunft. Sie verantwortet das Marketing und den Onlinehandel mit den Bio-Äpfeln. Er sorgt für deren Qualität, unterstützt von digitaler Technik. Rolf Lühs klagt nicht nach einer verhagelten Ernte. Er sagt: »Im nächsten Jahr werden wir von der Natur wieder reich beschenkt.«

Das ist das Unwiderstehliche am Alten Land. Moderne trifft auf Natur und Kulturhistorisches. Die Erfordernisse eines auf Ertrag getrimmten und trotzdem auf Nachhaltigkeit bedachten Erzeugerbetriebs verbinden sich mit dem Rhythmus der Region – Blüte, Reife, Ernte.

Für Millionen Tages- und Feriengäste bleibt dabei das Klischee vom Garten Eden erhalten. Klischees sind besser als ihr Ruf, machen ein Thema oft erst verständlich. Klischees über das Alte Land sind der rosa-weiße Blütenschleier, der sich im Frühjahr über die Landschaft legt. Im Herbst die dicht mit leuchtenden Früchten behangenen Äste, die sich unter der Fülle biegen. Die Blütenkönigin. Die Apfelkönigin. Die einzigartige Fachwerkgiebel-Architektur. Ja, das Alte Land ist so verlockend wie seine Klischees.

Jeder dritte deutsche Apfel kommt aus diesem Paradies. Aber zwischen den endlosen Reihen der kleinen Hochleistungsbäume und den Apfelkisten lässt sich viel mehr entdecken. Geschichten, die von Flutkatastrophen erzählen. Krimis. Kurioses. Geheimnisvolles. Anekdotisches. Oft auch den Einheimischen Unbekanntes. Kommen Sie mit auf diesen Ausflug. Entdecken Sie 111 Orte im Alten Land.

111 Orte

1 — Die Festung Grauerort | Abbenfleth
   Böllern wie die Preußen | 10

2 — Das Königsmarck-Schloss | Agathenburg
   Wer ließ den Grafen verschwinden? | 12

3 — Die Feldsteinkirche | Bliedersdorf
   Schauergeschichten vom Bau | 14

4 — Das stille Örtchen | Bliedersdorf
   Ja, so warns' | 16

5 — Der Elbdeich | Borstel
   »Wie angenehm, wie prächtig und wie schön!« | 18

6 — Die Elbfischerei | Borstel
   Rettet den Stint! | 20

7 — Die Flutmarke | Borstel
   So wurde Gerd Wesselhöft ein Held | 22

8 — Der Gedenkstein für die ermordeten Kinder | Borstel
   »Schlechtrassige« ließ man verhungern | 24

9 — Hamburgs Alcatraz | Borstel
   Kamele auf der Gefangeneninsel | 26

10 — Das Kirschenland | Borstel
    Auch Udo Lindenberg ist hier versackt | 28

11 — Die Kleine Seite | Borstel
    Wie ein Matrose König von Tonga wurde | 30

12 — Das Möwennest | Borstel
    Frühstück mit Blick auf das Mallorca der Elbe | 32

13 — Das Radiomuseum | Borstel
    So hat sich die Welt angehört | 34

14 — Der Sofa-Stubbe | Borstel
    Versuch's mal mit Gemütlichkeit | 36

15 — Das Unterfeuer Mielstack | Borstel
    Großer Kampf um einen kleinen Turm | 38

16 — Der Wehrt'sche Hof | Borstel
    Letzter erhaltener Herrensitz | 40

17 — Die Feldbahn-Lore | Bützfleth
    Ziegel für Hamburgs Wiederaufbau | 42

18 — Die Aprikosen-Farm | Buxtehude
    Süße Folgen des Klimawandels | 44

19	Der bellende Schwanz | Buxtehude	
	Von wegen am Ende der Welt | 46	
20	Das Deck 2 | Buxtehude	
	Sofa-Konzerte mit Picknick | 48	
21	Das Entlein | Buxtehude	
	»Hallo, ihr lieben Gäste!« | 50	
22	Das Fuhrmannshaus | Buxtehude	
	Demonstratives Glaubensbekenntnis | 52	
23	Die Hafenlage | Buxtehude	
	Schöner Wohnen im Aschenputtel-Viertel | 54	
24	Der Hase und der Igel | Buxtehude	
	Und die Moral von der Geschichte? | 56	
25	Das Heimatmuseum | Buxtehude	
	Spende eines Seifenfabrikanten | 58	
26	Die Kattau-Mühle | Buxtehude	
	Ein Bett im Kornspeicher | 60	
27	Die Sgraffiti | Buxtehude	
	Hochschule mit Tattoos | 62	
28	Stavenort | Buxtehude	
	Der Puste-Meyer in der Badewanne | 64	
29	Der Viver | Buxtehude	
	Nun sei bedankt, mein lieber Schwan | 66	
30	Das Relief am Deich | Cranz	
	Eine Schippe drauf | 68	
31	Die Engelsköpfe | Estebrügge	
	Warum sie keine Nasen haben | 70	
32	Die Feuerwache | Estebrügge	
	Alarm für Este 11! | 72	
33	Die Sammlung Matthes | Estebrügge	
	Darum haben die Altländer so viel Geld | 74	
34	Die Airbus-Plattform | Finkenwerder	
	Oberaffengeiler Kick | 76	
35	Der Bunker Fink II | Finkenwerder	
	Monument des Irrsinns | 78	
36	Der Friedhof der schwimmenden Särge | Finkenwerder	
	Verbindendes zwischen den Kirchen | 80	
37	Die Garage der Beluga | Finkenwerder	
	Flugzeuge im Bauch | 82	
38	Das Gorch-Fock-Haus | Finkenwerder	
	»An Land sein ist Gefangenschaft« | 84	

39 — Die Mosesfabrik | Finkenwerder
Klos putzen, Knoten knüpfen | 86

40 — Der Shipspotter-Treff | Finkenwerder
Paparazzi auf der Jagd nach dem besten Schuss | 88

41 — Der Drei-Türme-Blick | Grünendeich
Einmal umdrehen, dann sind es fünf | 90

42 — Die Galerie Glas & Meer | Grünendeich
Wellentänzer auf dem tiefen Ozean | 92

43 — Der Hessbögel | Grünendeich
Wo die Lühe die Biege macht | 94

44 — Der Leichtmatrose | Grünendeich
Höhenflug vor der Seefahrtsschule | 96

45 — Der Lüheanleger | Grünendeich
Vorsicht an der Molenkante! | 98

46 — Das Oberfeuer | Grünendeich
Backbords oder steuerbords? | 100

47 — Das Sassensiel-Brack | Grünendeich
Eine Flutwalze hat es ausgespült | 102

48 — Die Schifferkirche | Grünendeich
Wer sitzen wollte, musste zahlen | 104

49 — Die Schöne Fernsicht | Grünendeich
»Inmitten der freundlichen Ortschaft gelegen« | 106

50 — Die Sietas-Werft | Grünendeich
Alle mal anpacken! | 108

51 — Die sprechende Kiste | Grünendeich
Lesung im Altländer Strandkorb | 110

52 — Der Wellenreiter | Grünendeich
Auf dem Wasser tanzen | 112

53 — Der Speicher | Guderhandviertel
Ein Steuersparmodell | 114

54 — Die Friedrich-Huth-Büste | Harsefeld
Ein Mäzen bedankt sich | 116

55 — Der Holzbohlenweg | Harsefeld
Mit Mönchen über die Klostermeile | 118

56 — Die Portae Coeli | Himmelpforten
Wo Christkind und Weihnachtsmann wohnen | 120

57 — Der Fluchtturm | Hollern-Twielenfleth
Bollwerk gegen die Apokalypse | 122

58 — Das Gut Daudieck | Horneburg
Wer hinwill, den schüttelt's | 124

59 — Das Haus Dankers | Horneburg
»Ein spitzbübischer Kauz« | 126

60 — Der Isern Hinnerk | Horneburg
Ein sagenhafter Raubritter | 128

61 — Der Pannkoken-Park | Horneburg
Vielfalt auf der Streuobstwiese | 130

62 — Das Schloss-Storchennest | Horneburg
Jakobs und Adeles Zuhause | 132

63 — Der Apfel-Tresor | Jork
Warum Rolf Lühs jede Frucht fotografiert | 134

64 — Die Edelbrennerei | Jork
Dem Destillateur bei der Arbeit zusehen | 136

65 — Die Hofstatt von Haren | Jork
»Die Einwohner hierselbst in Furchten gehalten« | 138

66 — Das Portau'sche Haus | Jork
Verschieben wir's einfach! | 140

67 — Tante Rosas Laden | Jork
Schnürsenkel, Schnuller, Sonntagszigarren | 142

68 — Der Westerminnerweg | Jork
Bienen zum Mieten gesucht | 144

69 — Der Harmshof | Königreich
Regisseure lieben die Kulisse | 146

70 — Der Krautsand | Krautsand
Flach. Weit. Frei. | 148

71 — Die Birnbaum-Allee | Mittelnkirchen
Wo man den Herrn von Ribbeck hört | 150

72 — Die Esteburg | Moorende
20 Mark für die Kanzelpredigt | 152

73 — Die M9er-Plantage | Moorende
So werden neue Sorten veredelt | 154

74 — Die Brauttür | Neuenfelde
Sicherer Fluchtweg, wenn es brannte | 156

75 — Das Gespensterdorf | Neuenfelde
Wegen Airbus zogen die Familien weg | 158

76 — Das Mühlenberger Loch | Neuenfelde
Bei Ebbe fällt es trocken | 160

77 — Der Orgelbauerhof | Neuenfelde
Arp Schnitgers Ausnahme-Instrumente | 162

78 — Der Puurten-Quast | Neuenfelde
Älteste Prunkpforte im Alten Land | 164

79 — Sankt Pankratius | Neuenfelde
Himmlische und diabolische Klänge | 166

80 — Die Bildhauerei | Nottensdorf
Im Atelier des Carsten Eggers | 168

81 — Der Bamag-Meguin | Stade
Damals eine Sensation | 170

82 — Das Baumhaus | Stade
»Fleissige Aufachtung haben« | 172

83 — Der Burggraben | Stade
Zeitreise in Fleetkähnen | 174

84 — Das Carl-Diercke-Haus | Stade
Für die Kinder das Beste! | 176

85 — Das Forschungszentrum | Stade
Alles dreht sich um den Werkstoff der Zukunft | 178

86 — Die Greundiek | Stade
Nachkriegsgeschichte mit Dieselmotor | 180

87 — Die Hafenmeister-Villa | Stade
Eine Idee, ein Projekt, ein Geschenk | 182

88 — Das Hökerhus | Stade
Es blieb vom Feuersturm verschont | 184

89 — Der Honigtopf | Stade
Im Tortenstück wohnen | 186

90 — Die Insel | Stade
Man schlief im Schrank | 188

91 — Der lesende Mönch | Stade
Ein halbes Jahrhundert schreibt er an seinem Buch | 190

92 — Die Lichtenberg-Statue | Stade
»Das Volk ist faul, dumm und grob« | 192

93 — Das Lukenhaus | Stade
Schaukasten großer und neuer Kunst | 194

94 — Mutter Flint | Stade
Frischfisch aus dem Kinderwagen | 196

95 — Die Seminarturnhalle | Stade
Leibesübungen am offenen Fenster | 198

96 — Der Spiegelberg | Stade
Was macht der Haufen mitten in der Stadt? | 200

97 — Der Stade Beach | Stade
Maritime Entspannungszone | 202

98 — Der Tretkran | Stade
Windenknechte mussten sich plagen | 204

99 — Der Willi | Stade
Fotogene Hafen-Diva | 206

100 — Der Elbblick | Stadersand
Wissenswertes mit Bernd Thiele | 208

101 — Die Liinsand | Stadersand
Ohne Stau zum Fischmarkt | 210

102 — Die Schwingemündung | Stadersand
Was passierte an Bord des Lotsenschoners? | 212

103 — Das Kabinett des Reeders | Steinkirchen
Er verschiffte die Ariane-Raketen | 214

104 — Die Klappt-nicht-Brücke | Steinkirchen
Reminiszenz an die Kolonisten | 216

105 — Der Mühlenweg | Steinkirchen
Im Garten Eden | 218

106 — Der Priester Heinrich | Steinkirchen
Siedler teilten das Land in drei Meilen | 220

107 — Der Sandhaufen | Steinkirchen
Robinson Crusoes Abenteuerland | 222

108 — Tetsches Zuhause | Steinkirchen
So kam der Pümpel aufs Dach | 224

109 — Der Bassenflether Strand | Twielenfleth
Zwei Kilometer weißer Sand | 226

110 — Der kleine Weiße | Twielenfleth
Mit dem Charme des alten Feuers | 228

111 — Die Venti Amica | Twielenfleth
Neue Flügel für die Freundin des Windes | 230

ABBENFLETH

1 Die Festung Grauerort
Böllern wie die Preußen

Männer unter Pickelhauben. Mit gezwirbeltem Schnauzbart, wie Kaiser Wilhelm ihn mochte. Sie tragen blaue Uniformröcke zu weißen Hosen und schwarzen Gamaschen. Die Farben der preußischen Armee. Trommelwirbel. Grenadiere und Füsiliere treten an. Einige heben ihre Vorderladerpistolen zum Salut. Andere schieben die Festungslafetten in Position zum Kanonenschießen. Das knallt schön, und das Schwarzpulver stinkt. Männer böllern einfach gerne. Dazwischen flanieren Damen in Reifröcken und mit zierlichen Sonnenschirmen.

Ein paar Mal im Jahr erwacht die Festung Grauerort aus ihrem Dornröschenschlaf. Immer im Mai ist Kostümfest. Dann trifft sich die »Reservisten Arbeitsgemeinschaft des 1. Hanseatischen Infanterie Regiments Nr. 75« in historischen Uniformen. Die Mitglieder des Vereins pflegen preußische Militärgeschichte. Sie wollen auch ein Interesse dafür wecken, wie bitter der Soldatenalltag Ende des 19. Jahrhunderts gewesen ist. An anderen Wochenenden ist die Festung Eventlocation für Oldtimertreffen, Märkte und Konzerte.

Das Fort aus 2,5 Millionen Ziegelsteinen ist gebaut wie für die Ewigkeit, in Kämpfe war es aber nie verwickelt. Kurz vor dem Deutsch-Französischen Krieg beginnen die Preußen 1869, die Festung zu errichten. Sie wollen Hamburg vor Angreifern schützen, die übers Wasser kommen. Der Standort ist ideal. Auf einer Landzunge schmiegt sich das Fort an den Deich. Damals moderne Hinterlader-Rücklaufgeschütze werden zur Elbe hin ausgerichtet. Sie sollen Kanonenkugeln von 28 und 21 Zentimetern Durchmesser verballern. Aber kein Schuss fällt. Schon 1895 wird die Bastion stillgelegt, in den beiden Weltkriegen werden hier Seeminen verladen. 1945 beschlagnahmen die Briten die Anlage, sprengen sie aber nicht. Bis Ende der 1950er Jahre nutzen Flüchtlinge die Kasematten und Gewölbe als Notunterkünfte. Jetzt kümmert sich ein Förderverein um die Restaurierung.

Adresse Schanzenstraße 52, 21683 Stade-Abbenfleth, Tel. 04146/929701 | **Anfahrt** von der A26 (Ausfahrt Stade-Ost) Richtung Drochtersen/Wischhafen, vom Obstmarschenweg rechts in die Abbenflether Hafenstraße, links in die Schanzenstraße | **Öffnungszeiten** Mitte April–Mitte Okt. So 10.30–17.30 Uhr, Veranstaltungen unter www.grauerort.com | **Tipp** Die Schanzenstraße weiter und über den Deich: weißer Sand am Elbstrand. Die Elbinsel Pagensand, mit Schlick aufgespült, ist Vogelschutzgebiet. Fünf kleine Uferabschnitte dürfen mit Booten angefahren werden.

AGATHENBURG

2 Das Königsmarck-Schloss
Wer ließ den Grafen verschwinden?

Vor 300 Jahren hat es noch keines dieser Klatschblätter gegeben, in denen gewiss immer die Wahrheit steht. Aber Geschichten über die Reichen und Schönen hätten auch in jener Zeit die Spalten gut gefüllt. Eine besonders überdrehte hat in Europas Salons des Hochadels für Aufsehen gesorgt. In den Hauptrollen: das schöne Geschwisterpaar Maria Aurora Gräfin von Königsmarck und Bruder Philipp Christoph. Der Plot: Der Graf und Hofkavalier führt ein ausschweifendes Sexualleben mit Prinzessin Sophia Dorothea. Briefe belegen das. Dumm nur, dass die Geliebte gegen ihren Willen mit ihrem Cousin Kronprinz Georg Ludwig verheiratet ist, der später der britische König Georg wird. Als die Affäre zu peinlich wird, sperrt man Sophia Dorothea weg. Philipp Christoph verschwindet spurlos. War es Mord?

Die Schwester reist nun zu Kurfürst August dem Starken, hofft, dass dieser den Verbleib des Bruders aufklären kann. Maria Aurora von Königsmarck (1662–1728) gehört zu den umschwärmtesten Frauen ihrer Zeit. Immer ist sie kostbar gekleidet. Sie beherrscht fünf Sprachen, spielt die Kniegeige perfekt, dichtet Verse wie diesen: »Ich glückliche Göttin der Liebe / Behalte doch immer das Feld / Beherrsche durch liebliche Triebe / Die Hölle, den Himmel, die Welt.« Bei der Brudersuche kann oder will der Kurfürst nicht helfen, aber er macht Maria Aurora zu seiner ersten Mätresse. Sie gebiert ihm einen Sohn – wenige Tage nachdem auch die kurfürstliche Gemahlin Christiane Eberhardine erstmals Mutter geworden ist.

Auf Schloss Agathenburg hat Maria Aurora ihre Jugend verbracht. Der Großvater hatte das Backsteingebäude mit dem achteckigen Treppenturm als Landsitz errichten lassen. Heute ist es Museum und Café. Vernissagen, Konzerte und Lesungen finden hier statt. Der Skulpturenpark rund ums Schloss soll Gegenwartskunst im ländlichen Raum einem breiten Publikum zugänglich machen.

Adresse Hauptstraße, 21684 Agathenburg, Tel. 04141/64011 | **Anfahrt** von der A26 (Ausfahrt Dollern) nach Dollern, rechts auf die B73 bis zur Hauptstraße, auf der rechten Seite (ausgeschildert) | **Öffnungszeiten** Schlosspark: ganzjährig, Schloss: März bis 3. Advent Di–Fr 14–18 Uhr, Sa, So, Feiertage (außer Karfreitag) 11–18 Uhr | **Tipp** Das Schloss steht an der Kante eines steilen Geesthangs. Von der Terrasse aus hat man einen weiten Blick übers Alte Land und die Elbmarsch. Auch sehenswert: der Bauerngarten.

3 Die Feldsteinkirche
Schauergeschichten vom Bau

Das ist eine Mordsgeschichte! Die Menschen erzählen, dass die Bliedersdorfer Bauern eines Tages eine Kirche bauen wollten. Von den Äckern schleppten sie mit Ochsengespannen schwere Feldsteine heran. Kalk hatten sie auch aufgetrieben. Wenn sie aber frühmorgens zu der Baustelle kamen, staunten sie jedes Mal aufs Neue. Über Nacht hatte jemand an der Kirche weitergebaut. Nur Engel konnten die unsichtbaren Helfer sein! Keiner wagte, daran zu zweifeln. Zwei neugierige Jungen aber wollten es genau wissen, legten sich nachts auf die Lauer. Die Lausbuben wurden jedoch erwischt und kurzerhand in die Kirchenwände eingemauert. Nur ihre Jackenzipfel schauten am nächsten Morgen noch aus dem Mauerwerk hervor.

Die sagenumwobene Kirche Sankt Katharinen kann man im Sommer glatt übersehen. Zwar liegt sie auf einer Anhöhe, aber sie versteckt sich unter dichten Eichen. Die romanische Kirche gilt als eines der ältesten Feldsteingotteshäuser zwischen Elbe und Weser, 1234 wird als Baujahr genannt. Der Hügel soll ein germanischer Kultplatz gewesen sein. Das massive Mauerwerk und die kleinen Fenster sprechen für die Vermutung, man habe das Gebäude anfangs auch als Schutzraum oder Verteidigungsanlage geplant. Über die Jahrhunderte hat sich Sankt Katharinen kaum verändert. Die armen Bauern hatten kein Geld. Nur ein Brauthaus aus Eichenfachwerk wurde angebaut, die Südseite mit Ziegelwerk geflickt. Die Marienglocke im Kirchturm ist bald 600 Jahre alt.

Im Innenraum sind die Feldsteinwände dünn verputzt und geweißelt. Der Schulmeister Gotthard Sanny hat sich um den wenigen Schmuck bemüht und die Kirchendecke bemalt. Neben Ranken und Rosen halten eine Engelfrau und ein Engelmann ein Medaillon, welches das Auge Gottes symbolisiert. Wer die Kirche betritt, muss sich tief bücken. Die Tür ist nur 1,65 Meter hoch, damals waren die Menschen kleiner. Heute lernen sie, sich zu verneigen.

Adresse Hauptstraße 40, 21640 Bliedersdorf | **Anfahrt** von der A26 (Ausfahrt Horneburg) Richtung Süden bis zum Kreisel, 1. Ausfahrt auf die B73, an der Kreuzung links in die Straße Postmoor bis Bliedersdorf | **Öffnungszeiten** der Kirchenschlüssel kann im Nachbarhaus Hauptstraße 42 ausgeliehen werden | **Tipp** Die Bliedersdorfer Felder sind Spargelland. Im späten Frühjahr kauft der Spargelfreund am besten direkt beim Erzeuger, zum Beispiel im Hofladen Hauptstraße 38.

4 Das stille Örtchen
Ja, so warns'

Aufs Klo muss jeder. Dieses steht rechts neben der alten Schmiede. Wie es das Klischee verlangt, ist ein Herz in die Klotür gesägt. Das Eichenfachwerk der Seitenwände ist mit Weidengeflecht verfüllt, dieses mit Lehm verstrichen. In die Gefache der Rückwand sind Ziegel verbaut. Das Ziegel-Schrägdach liegt mit Abstand auf. Gut für die Lüftung! Sensen und ein Schöpfeimer hängen unterm Dach. Neben dem Plumpsklo steht Ururgroßmutters Waschtisch: Schüssel, Seifenschale, Wasserkanne aus Emaille.

Dass ausgerechnet ein stilles Örtchen ein solches Glanzstück sein kann! Mitglieder des Vereins »Bäuerliches Hauswesen« haben im Bliedersdorfer Hochzeitswald einen Dorfpark aufgebaut. Sie wollen »das Bewusstsein für das bäuerliche Erbe wecken, historische Lebensart und Arbeitsweise erlebbar machen«. Dabei ist das Plumpsklo die kleinste der Attraktionen. Alle Gebäude haben einmal woanders gestanden. Die Vereinsmitglieder, darunter auch Handwerker, haben sie hier im authentischen Zustand wiederaufgebaut. Viele Ehrenamtliche investieren mehr als 250 Arbeitsstunden im Jahr. Einige sogar bis zu tausend.

Das niederdeutsche Hallenhaus, 21 Meter lang, dessen Giebel aus dem Dreißigjährigen Krieg stammt, war über Jahre eingelagert. Jetzt ist es der Mittelpunkt des Freilichtmuseums. Die Hamburger Symphoniker spielen darin, auch für Gottesdienste ist Platz. Die Durchfahrtscheune ist 250 Jahre alt. Ihre Ankerbalken-Konstruktion gilt als die älteste Fachwerk-Bauweise. Die Schmiede ist mal Backhaus gewesen, jetzt mit Amboss, Esse und Blasebalg bestückt. Bei Märkten und Festen auf dem Gelände wird das Feuer geschürt. Der Schafstall hat eine niedrige Schlupftür für den Schäfer und eine Groot Dör, durch die die Tiere getrieben wurden. Das ganze Ensemble gruppiert sich um den historischen Bauerngarten mit dem aus Weiden geflochtenen Zaun. Er ist der schönste Beweis: Hier wird mit Liebe gewerkelt.

Adresse Dohrenstraße 16, 21640 Bliedersdorf, Tel. 04163/7798 | **Anfahrt** von der A26 (Ausfahrt Horneburg) Richtung Süden bis zum Kreisel, 1. Ausfahrt auf die B73, an der Kreuzung links in die Straße Postmoor bis Bliedersdorf, links in die Nottensdorfer Straße, rechts in die Dohrenstraße | **Öffnungszeiten** ganzjährig zugänglich, Veranstaltungen unter www.bhbev.de | **Tipp** Die Straße weiter nach Südosten kommt man zu einem Buchenhain. Die vier Großsteingräber sind älter als Ägyptens Pyramiden.

BORSTEL

5_ Der Elbdeich
»Wie angenehm, wie prächtig und wie schön!«

Es ist egal, an welcher Stelle man den Deich erklimmt. Zwischen den Sperrwerken der Este und der Schwinge erstreckt er sich auf 24 Kilometern. Die Straße führt oft dicht am Deichfuß entlang. Die Abschnitte heißen Hinterbrack, Kohlenhusen, Neuenschleuse, Wisch, Lühe, Mojenhörn und Sandhörn. Die Straße ist auch ein Deichverteidigungsweg. Hier müssen Katastrophenschützer und Soldaten entlang, wenn im Notfall das Bollwerk mit Sandsäcken zu flicken ist.

Eine gute Nachricht des Landrats: »Die über hunderttausend Menschen hinter den Deichen im Landkreis Stade sind vor Sturmfluten sicher.« Inspektoren überprüfen regelmäßig die Wälle. Die geschlossene Grasnarbe ist durch Maulwürfe in Gefahr. Trockenrisse sind nicht ungewöhnlich. Sie werden von den Deichschweinen repariert – so nennen die Menschen die Schafe. Nach Regenfällen treiben Schäfer ihre Herden auf die betroffenen Deichabschnitte. Tausende Hufe trampeln den Boden wieder fest. Die sogenannte Bestickhöhe, die Deichhöhe, liegt bei acht Metern über Normalnull. Aber neuerdings rechnet man einen nötigen Klimazuschlag von mindestens einem halben Meter hinzu. Der Deich müsste aufgestockt werden. Auch Spundwände auf der Deichkrone waren im Gespräch. Das wäre schrecklich!

Dies ist ja das Schöne am Elbdeich: Man fährt an seinem Fuß entlang und sehnt sich danach, hinüberzusehen. Was mag einen erwarten? Den Straßenbauern sei Dank, sie haben überall Haltebuchten angelegt. Etwa beim Leuchtturm Unterfeuer Somfletherwisch auf Höhe des Hauses Lühe Nummer 30. Man steigt 40 Stufen den Deich hinauf. Ist ablaufendes Wasser oder Flut? Fährt gerade jetzt ein Containerriese vorbei? Poetisch kann die Elbe mit dem Rhein nicht konkurrieren. Aber der Landschaftslyriker Barthold Hinrich Brockes hat vor 300 Jahren über die Elbe gedichtet: »Wie angenehm, wie glatt, wie prächtig und wie schön / ist diese rege Last der Fluthen anzusehn!«

Adresse Höhe Lühe 30, 21635 Jork-Borstel | **Anfahrt** von der A7 (Ausfahrt Hamburg-Waltershof) Richtung Finkenwerder/Cranz und Jork/Stade | **Tipp** Direkt gegenüber liegt der Fährmannssand. Früher war er eine Insel, durch einen Elbeseitenarm von der Marsch getrennt. Der Seitenarm ist aber immer mehr versandet. Rechts ist der Yachtclub Wedel zu sehen.

BORSTEL

6   Die Elbfischerei
Rettet den Stint!

Der Stint ist eine norddeutsche Leckerei. Gurkenfisch wird der kleine Schwarmfisch auch genannt, weil frischer Stint nach Gurke riecht. Feinschmecker genießen ihn ohne Kopf, aber mit Gräten und Schwanz. Zuvor wird der Stint in Roggenmehl gewendet und mit Speck in Butter gebraten. Stintessen war Kult im Frühjahr am Elbdeich. Jetzt bleiben die Teller oft leer.

Früher hat Lothar Buckow in der Saison 30 Tonnen Stint gefischt. Die Netze waren prall gefüllt. 90 Prozent des Fischbestandes in der Tideelbe von der Staustufe Geesthacht bis zur Mündung waren Stinte, Hunderte Fischerfamilien haben davon gelebt. Heute holt Lothar Buckow zweieinhalb Tonnen pro Saison aus dem Wasser. Nur noch drei Fischer sind mit Kuttern auf der Tideelbe unterwegs. Buckow, dessen Frau Rita ein Fisch-Bistro betreibt, ist der einzige im Alten Land. Er fischt jetzt mehr Aale, weil keine Stinte mehr kommen. All die Jahre waren sie von Februar bis März in gewaltigen Schwärmen vom Meer die Elbe hinaufgezogen, um im flachen Wasser zu laichen. Seehunde, Schweinswale, Zander schwammen hinterher, die jungen Stinte schmeckten ihnen. Auch den seltenen Flussseeschwalben.

Die Nahrungskette bricht zusammen, weil die Stint-Larven schon in der Kinderstube ersticken und verhungern. Ökologen machen Sauerstoffmangel und die Eintrübung des Wassers dafür verantwortlich. Saugbagger holen den Schlick aus der Fahrrinne, kippen ihn elbabwärts wieder ins Wasser, die Flut treibt den Schlick zurück. Sogenannte Injektionsschiffe machen das Wasser noch brauner. Einem Riesenkärcher gleich wirbeln sie Ablagerungen vom Elbegrund auf. In der trüben Brühe erkennen die Stint-Winzlinge die Ruderfußkrebse nicht mehr, ihr natürliches Futter. Mit der Elbvertiefung in den nächsten Jahren erwarten die Fischer noch größeres Übel. Jahrelang hat Lothar Buckow den Fluss gebraucht. Heute sagt er: »Jetzt muss ich der Elbe helfen.«

Adresse Wisch 29b, 21635 Jork-Borstel, Tel. 04162/942710 | **Anfahrt** von der A7 (Ausfahrt Hamburg-Waltershof) Richtung Finkenwerder/Cranz und Jork/Stade, auf der linken Seite | **Öffnungszeiten** Feb.–April und Juni–Nov. Mi–So 10–18 Uhr, Mai Di–So 10–18 Uhr | **Tipp** Schräg gegenüber auf der anderen Seite des Deichs liegt ein kleiner Sandstrand (Höhe Haus Wisch 27). Die Gemeinde warnt: »Gefahr durch Sog und Schwell. Selbst für geübte Schwimmer gefährlich.«

BORSTEL

7 — Die Flutmarke
So wurde Gerd Wesselhöft ein Held

Wenn sich draußen auf dem Atlantik ein Tiefdruckgebiet zum Orkan aufbaut und Sturm aus Nordwest das Wasser aus der Deutschen Bucht in die Elbe drückt, ist es vorbei mit der Gelassenheit der Menschen im Alten Land. Viele Sturmfluten haben ihre Heimat überspült. Die Julianenflut von 1164 mit 20.000 Opfern. Die Cäcilienflut zu Beginn des 15. Jahrhunderts mit 36.000 Toten. Die Flut vom Heiligen Abend 1717, Weihnachtsflut genannt. Von der Flut in der Nacht auf den 4. Februar 1825 berichtet Pastor Wolff, dass allein in seinem Kirchspiel Borstel fünf Menschen ertranken.

In einem Brief erzählt er vom Mut des Dorfbewohners Gerd Wesselhöft: »Ungeachtet der schaudervoll zerstörenden Wogen hat er es im Vertrauen auf Gott unternommen, in einem schmalen Kahn sich an das der Strömung ausgesetzte Haus des Arbeitsmannes Peter von Helms zu wagen. Es ist ihm durch große Anstrengung gelungen, die ganze Familie, aus fünf Personen bestehend, in sein kleines Schiff aufzunehmen. Bald aber wird dasselbe von Wind und Wellen umgeworfen. Die Ehefrau und eine unverheiratete Tochter von 30 Jahren ertrinken. Peter von Helms, dessen zweite Tochter und Schwiegersohn Johann Eckhoff halten sich an Baumzweigen, bis Wesselhöft, kaum dem Tod entronnen, sich aufs Neue mit der Entschließung, lieber sein Leben zu verlieren, als die unglücklichen Menschen dem Tode zu überlassen, in die brausenden Wellen wagt und das Glück hat, genannte drei Personen, erstarrt vor Kälte und Nässe, beim Leben zu erhalten.«

Im alten Borsteler Hafen vermittelt die Flutmarke an der alten Duckdalbe, ein Poller für Schiffe, einen guten Eindruck davon, wie hoch die Flut von 1962 hier gewesen ist. Damals waren die Deiche 5,40 Meter hoch. Das Hochwasser wurde mit 5,70 gemessen. Die Deichhöhe auf der niedersächsischen Seite der Elbe beträgt heute 7,60 bis 8,40 Meter. Die Flut vom 3. Januar 1976 hat 6,45 Meter schon erreicht.

Adresse Ecke Am Elbdeich/Große Seite, 21635 Jork-Borstel | **Anfahrt** von der A7 (Ausfahrt Hamburg-Waltershof) Richtung Finkenwerder/Cranz und Jork, gegenüber der Abzweigung nach Jork | **Tipp** 59 Schiffe für den Handel mit Obst und Ziegelsteinen haben einst im Hafen gelegen. Museumsschiff Annemarie, eine Tjalk, ein einmastiger Wattensegler, kann besichtigt werden (April–Sept. Di 10–12 Uhr, Do 14–16 Uhr).

8 — Der Gedenkstein für die ermordeten Kinder

»Schlechtrassige« ließ man verhungern

Teresa Dominek hat von Juni bis August gelebt. Aniuta Rudenko hat es zwei Wochen geschafft. Peter Karzluk ist nur sechs Tage alt geworden. »Lebensschwäche«, »Ernährungsstörung«, »Herzschwäche« – das waren offiziell die Todesursachen. Die Säuglinge galten als »rassisch minderwertig«. Sie waren die Kinder von »Fremdvölkischen«, von Zwangsarbeiterinnen aus Polen, der Ukraine, Russland und Lettland. Die Neugeborenen wurden den Müttern entrissen und in »Ausländerkinder-Pflegestätten« umgebracht. »Mord durch bewusste Vernachlässigung«, urteilte ein britisches Militärgericht.

Zum Ende des Zweiten Weltkriegs leben 7.000 Zwangsarbeiter im Landkreis Stade. Strafen drohen, aber natürlich kommt es zu ungewollten Schwangerschaften. Es gibt Liebeleien untereinander sowie zwischen Fremden und Einheimischen. Auch Vergewaltigungen. Bis 1943 werden schwangere »Fremdvölkische« in ihre Heimat geschickt, danach wollen die Bauern auf die Arbeitskräfte nicht verzichten. Die »schlechtrassigen« Kinder steckt man ins Heim. Ein Tötungsbefehl existiert nicht, aber ein Einvernehmen. »Zum Teil ist man der Auffassung, die Kinder der Ostarbeiterinnen sollen sterben«, schreibt ein SS-Gruppenführer. »Ein anderer Teil will sie aufziehen. Da eine klare Stellungnahme bisher nicht zustande gekomken ist, gibt man den Säuglingen eine unzureichende Ernährung, bei der sie in einigen Monaten zugrunde gehen müssen.«

In Borstel, wo auf dem Friedhof ein Gedenkstein steht, sind von Juli 1944 bis Januar 1945 zwölf Kleinkinder auf diese Weise getötet worden. Eine Zwangsarbeiterin, die in dem »Pflegeheim« Dienst tun musste, erinnerte sich später: »Dann nahm ich den Karton, in dem die Kinder lagen. Die Deutschen hatten sie sterben lassen. Ich brachte sie auf den Friedhof und sprach ein stilles ›Mit Gott‹.«

Adresse Große Seite 16, 21635 Jork-Borstel | **Anfahrt** von der A7 (Ausfahrt Hamburg-Waltershof) Richtung Finkenwerder/Cranz und Jork, in Borstel links in die Straße Große Seite, an der Brücke links halten bis zum Parkplatz der Sankt-Nikolai-Kirche, von der Friedhofspforte geradeaus bis zur alten Eiche | **Tipp** Von der Eiche links, dann rechts: Am Ende des Baumgräberfeldes wird das Denkmal für russische Kriegsgefangene sehr gepflegt.

9 Hamburgs Alcatraz
Kamele auf der Gefangeneninsel

In Hark Bohms Abenteuerfilm »Nordsee ist Mordsee« landen die beiden Protagonisten Uwe und Dschingis zur Musik von Udo Lindenberg mit der von ihnen geklauten Jolle unfreiwillig auf der Elbinsel Hahnöfersand. Auch Siegfried Lenz wählte eine Hahnöfersand nachempfundene Insel als Schauplatz seines Romans »Deutschstunde«, der sich mit Schuld und Pflicht im Nationalsozialismus auseinandersetzt. Hauptdarsteller Siggi Jepsen ist dort in einer Anstalt für schwer erziehbare Jugendliche eingesperrt. Im Deutschunterricht soll er einen Aufsatz schreiben zum Thema »Die Freuden der Pflicht«. So viel hat er dazu zu sagen, dass er keinen Anfang findet und ein leeres Heft abgibt. Im Arrest schreibt er dann monatelang über seine Kindheit und Jugend.

Hahnöfersand, 700 Meter breit und einen Kilometer lang, wird im Westen, Norden und Osten von der Hahnöfer Nebenelbe umspült. Im Süden ist die Borsteler Binnenelbe Barriere. Früher war sie die Borsteler Nebenelbe, Teil des Fließgewässers. Als man nach der Sturmflut von 1962 die Elbe neu eingedeicht hat, wurde der Wasserarm abgetrennt, so ist Hahnöfersand Halbinsel geworden. Eine Straße führt hinüber. Weit kommt man nicht. Man steht vor meterhohen Gittern, mit Nato-Draht bewehrt. Dahinter Hamburgs Alcatraz. Jugendknast. Untersuchungsgefängnis, Straf- und Arrestanstalt. Zuletzt ist ein Einbrecher durch die Binnenelbe entwischt. Er war zu 16 Monaten verurteilt, wäre aber in wenigen Wochen ohnehin freigekommen.

Seit über hundert Jahren gehört die Halbinsel der Hansestadt, obwohl sie in Niedersachsen liegt. Auf dem Inselfriedhof liegen die Gräber von 77 russischen Kriegsgefangenen, gestorben an Skorbut und der Ruhr. Sie hatten den Sandhaufen erst bewohnbar gemacht. Im Inselmuseum (nicht zugänglich) hängt ein Vertrag an der Wand: Als Arbeitstiere für die Russen hatte man von Hagenbecks Tierpark zwei Kamele und einen indischen Wasserbüffel gekauft.

Adresse Hinterbrack 25, 21635 Jork-Borstel | **Anfahrt** von der A7 (Ausfahrt Hamburg-Waltershof) Richtung Finkenwerder/Cranz und Jork, 4 Kilometer nach dem Airbus-Gelände auf der rechten Seite, kleiner Parkplatz | **Tipp** Die Insel vor Hahnöfersand ist der Neßsand, bei früheren Ausbaggerungen der Elbe angehäuft und dann verwildert. Die Fahrrinne liegt dahinter. Sie wird von 300 Metern auf 385 Meter verbreitert und noch einmal tiefer. Neßsand ist Vogelbrutplatz.

BORSTEL

10   Das Kirschenland
Auch Udo Lindenberg ist hier versackt

Wie eine Altländer Hochzeitssuppe gelingt, hat Oma Meta Pickenpack gewusst. Man schneidet Rindfleisch in Kuben, lässt es zwei Stunden kochen. Für die Einlage Suppengrün schneiden und separat erhitzen. Rosinen aufbrühen und quellen lassen. Jetzt aus Mehl und Butter eine Schwitze anrühren. Behutsam das Eigelb unterziehen. Muskatnuss, Muskatblüten und geriebenen Ingwer mit lauwarmem Wasser vermengen und zur Mehlschwitze geben. Das Fleisch abgießen, die Brühe mit der Mehlschwitze verrühren. Fleisch und Einlage dazugeben. Die Rosinen, Weißbrot und Rosinenbrotscheiben werden separat zur Suppe serviert. Oma Pickenpacks Zutatenzettel: »125 Pfund bestes Rindfleisch, 75 Liter Wasser, 8 Pfund Rosinen, je 5 Pfund Butter und Mehl, anderthalb Pfund Salz, 30 Eier, 20 Gramm Ingwer, 6 Muskatnüsse, 70 Gramm Muskatblüten, 8 Sellerieknollen, 10 Petersilienwurzeln, 10 Stangen Porree, 10 Weißbrote, 20 Rosinenbrote«. Die Suppe war für hundert Gäste gedacht. Oma Pickenpack hat sie bekocht.

Hochzeiten werden seit Generationen im Fährhaus Kirschenland gefeiert. Grüne Hochzeiten, silberne und goldene. Die größte Kaffeetafel hat man für 1.192 Personen aufgestellt, ein Mittagessen für 700 Gäste war Spitzenleistung. Bälle. Trauerfeiern. Firmenjubiläen. Die kultige Maskeradeparty des Sportvereins, auf der bis zu 1.500 Verkleidete abtanzen. Es gibt kaum einen Altländer, der nicht im Fährhaus gegessen, gefeiert und wilde Nächte erlebt hat. Im Jahr 1817 war Hinrich Pickenpack der Wirt, 1970 hat Wilhelm Stubbe das Kirschenland gekauft.

Als das Traditionshaus noch einen Dampfersteg hatte, haben an guten Wochenenden bis zu 30 Barkassen aus Hamburg festgemacht. Von einem Tanzabend der Feuerwehr wird berichtet, bei dem außer Bier und Wein 120 Flaschen Korn ausgeschenkt wurden – für 180 Personen! Im Festsaal mit Bühne und Empore hat auch Udo Lindenberg mit 250 Gästen Geburtstag gefeiert.

Adresse Wisch 9, 21635 Jork-Borstel, Tel. 04162/7487 | **Anfahrt** von der A7 (Ausfahrt Hamburg-Waltershof) Richtung Finkenwerder/Cranz und Jork/Stade, ab dem Borsteler Hafen nach drei Kilometern auf der linken Seite | **Öffnungszeiten** nur zu Veranstaltungen | **Tipp** Mal ein anderer Altländer Giebel: Das Haus Ropers von 1900 mit viel industriell gefertigtem Schmuckwerk gilt als Bauwerk des Historismus. Auch der Gartenzaun steht unter Denkmalschutz (Wisch 1).

11 Die Kleine Seite
Wie ein Matrose König von Tonga wurde

Besonders schön ist es im Frühjahr. Wenn sich die Giebel von der Straßenseite aus gesehen hinter der Blütenwand haushoher, leuchtender Magnolien verstecken und andere sich spiegeln im stillen Wasser des Fleets. Die Kleine Seite ist ein Fußweg, an dem sich dicht an dicht 15 Fachwerkhäuser reihen, liebevoll saniert. Fast alle haben ein kleines Wassergrundstück, mit Hecken umrandet, nur durch den Fußweg von der Haustür getrennt.

Östlich des Fleets haben an der Großen Seite die Großkopferten residiert, der Wehrt'sche Hof (siehe Ort 16) ist Zeugnis ihres Wohlstands. Die Kleine Seite war das Quartier der sogenannten kleinen Leute. Hier wohnten die Bediensteten des Hofes. Handwerker. Fischer. Tagelöhner, die im Borsteler Hafen gearbeitet haben. Die Gebäude sind im typischen Altländer Stil gebaut, aber kleiner. Eine Feuersbrunst hat im Jahr 1846 die Häuser 5 bis 11 niedergebrannt. Man hat sie wiederaufgebaut, aber die Dächer mit Pfannen gedeckt. Nur die Häuser 4 und 13 schützt noch ein Dach aus Reet.

Auf der Kleinen Seite lebte auch der Gemeindediener Michael Bartels. Er gilt als Urheber der Legende um den Matrosen Hinrich Meier aus dem Borsteler Ortsteil Neuenschleuse. Meier war seit 1849 verschollen, soll König des 170-Inseln-Reichs Tonga im Südpazifik gewesen sein. Abends beim Wirt erzählte Bartels oft, er habe als Seemann auch die Hauptinsel von Tonga im Südpazifik angelaufen. Dort sei der König selbst an Bord gekommen und habe gefragt: »Is denn keen Mann an Bord, de ut Ollan' kummt?« Als Bartels sich hierauf meldete, habe der König ihm berichtet, dass er der vermisste Matrose Hinrich Meier sei. Er sei als einziger Überlebender seiner Schiffbesatzung an den Tonga-Inseln an Land gespült worden, die Einwohner hätten ihn zum König gemacht. Die Journalisten Linda Sundmaeker und Oliver Falkenberg haben herausgefunden, dass der Matrose Bartels wohl tatsächlich in Tonga war. Der Rest der Geschichte könnte in Dämpfen des Grogs entstanden sein.

Adresse Kleine Seite, 21635 Jork-Borstel | **Anfahrt** von der A7 (Ausfahrt Hamburg-Waltershof) Richtung Finkenwerder/Cranz und Jork, in Borstel links in die Straße Große Seite, sofort rechts in die Straße Am Elbdeich, links zu Fuß in die Kleine Seite | **Tipp** Ob arm oder reich – in die Kirche Sankt Nikolai an der Großen Seite sind alle gegangen. Das Kastengestühl ist eine Kostbarkeit: Zum Gang hin hat jede Bankreihe eine eigene Tür, geschnitzt und bemalt (geöffnet April–Okt. Mo–So 10–17 Uhr).

BORSTEL

12 Das Möwennest
Frühstück mit Blick auf das Mallorca der Elbe

Dass dies ein Lieblingsplatz für allerbeste Freundinnen ist, ist nicht zu übersehen. Man kann es zudem hören. Zu dritt oder viert treffen sie sich frühmorgens auch wochentags im Café Möwennest am Deich. Die Bistrotische auf der Krone sind schnell belegt, mehr erste Reihe geht nicht. Wer hier keinen Platz bekommt, findet einen auf der Terrasse mit Windschutz. Frühstückskränzchen. Bei Rührei mit Kräuterschmand und Smoothie hat man sich viel zu erzählen.

Sollte der Damenrunde doch mal der Gesprächsstoff ausgehen, gibt's viel zu sehen. Gleich unten den Seglerhafen Neuenschleuse, der von der Hahnöfer Nebenelbe anzusteuern ist. Dahinter die Insel Hanskalbsand, dicht mit Weiden, Pappeln und Erlen bewachsen. Ein Paradies für ein Huckleberry-Finn-Abenteuer. Manchmal scheint es, als zögen weiß gestrichene Hochhäuser am Nordufer der Insel vorbei. Tatsächlich sieht man dann hinter dem Grünzeug die obersten Etagen der oft 70 Meter hohen Schiffsbrückentürme der Containerriesen, die hier durch die Fahrrinne stampfen.

Hanskalbsand war früher nur halb so groß. Aufspülungen und Elbvertiefungen haben die Insel auf jetzt zwei Kilometer Länge und um einige Meter in die Höhe wachsen lassen. Irgendwo musste das Material ja gelagert werden. Über einen schmalen Spüldamm ist Hanskalbsand heute zudem mit den östlich anschließenden Naturschutzgebieten Neßsand und Schweinesand verbunden. Die Inselkette hat so die Funktion eines Leitwerks für das Fahrwasser erhalten.

Wer nach Hanskalbsand will, braucht ein Boot. Bei Wasserwanderern in ihren Kanus ist die Insel ein beliebtes Ziel. Anlanden für eine Rast ist erlaubt, Campen nicht mehr. Am Nordufer lockt ein feinsandiger Strand. Besucher schwärmen vom Mallorca der Elbe. Aber Vorsicht! Bei ablaufendem Wasser ist der Fluss 14 Meter in der Sekunde schnell. Jagen Schlepper-Kraftprotze vorbei, reißt einem die Welle die Beine weg.

Adresse Yachthafenstraße 6, 21635 Jork-Borstel, Tel. 04162/254646 | **Anfahrt** von der A7 (Ausfahrt Hamburg-Waltershof) Richtung Finkenwerder/Cranz und Jork/Stade, nach dem Borsteler Hafen rechts der Beschilderung »Yachthafen Neuenschleuse« folgen | **Öffnungszeiten** Jan.–Nov. Mi, Feiertage 11–18 Uhr, Do–So 9–18 Uhr | **Tipp** 5,70 Meter über Normalnull (1962), 6,02 Meter (1995), 6,45 Meter (1976) – vor dem Deich markiert ein Mast Wasserstände der schweren Sturmfluten.

13 Das Radiomuseum
So hat sich die Welt angehört

Andächtig streicht Obstbauer Johann Hinrich Schröder über das dunkle Furnier seiner Schatztruhe. Dreht das Rad des Sendersuchlaufs, bis das sogenannte Magische Auge bestmöglichen Empfang anzeigt. Der Schatz ist ein Röhrenradio. Ein Saba-Gerät. Mitte des vergangenen Jahrhunderts standen solche Kisten mit hölzernem Klangkörper und dem Lautsprecher hinter der in beige gehaltenen Textilbespannung in jedem Haushalt. In seiner Apfelsortierhalle hat Landwirt Schröder 130 Schatzkisten bis unter die Decke gestapelt. Die Funkapparate mit Schrammen im Lack tragen den polierten Schriftzug klangvoller Namen. Graetz. Loewe Opta. Telefunken. Nordmende. Die Schröder'sche Sammlung ist ein Bonbon für Rundfunk-Nostalgiker. Eine Besonderheit ist die Musiktruhe von Schaub-Lorenz aus dem Jahr 1952, auf einem dünnen Stahldraht konnte man die Radiomusik auch speichern. 3.498 Mark hat die Truhe damals gekostet. In den Jahren nach dem Krieg ein schwindelerregender Preis.

Als Schüler fand Johann Hinrich Schröder sein erstes Röhrenradio im Sperrmüll, nahm es mit. Aus dem Philips-Saturn von 1958 »kam tatsächlich noch ein Ton raus«. Die Schatzkammer füllte sich zügig, als der Sammler sein erstes Auto fuhr, einen Käfer mit Dachgepäckträger. »Vor meiner Heirat standen all die Geräte im Wohnzimmer. Das hatte den Vorteil, dass ich keine Tapeten brauchte«, sagt Johann Hinrich Schröder. »Aber meine Frau bestand auf Möbel.«

Aus dem Jahr 1933 ist der Volksempfänger VE 301. Die Faschisten wollten das neue Medium für ihre Propaganda nutzen, verpflichteten die Hersteller, Geräte für 65 bis 75 Mark anzubieten. Die Typenbezeichnung erinnert an ein für die Nazis wichtiges Datum. An den 30.1.1933, den Tag der Machtergreifung. Beim Kauf wurde ein rotes Warnschild mitgeliefert: »Das Abhören ausländischer Sender ist ein Verbrechen. Es wird auf Befehl unseres Führers mit schweren Zuchthausstrafen geahndet.«

Adresse Hinterbrack 6, 21635 Jork-Borstel, Tel. 040/7459420 | **Anfahrt** von der A7 (Ausfahrt Hamburg-Waltershof) Richtung Finkenwerder/Cranz und Jork, hinter dem Estesperrwerk nach einer Linkskurve auf der linken Seite | **Öffnungszeiten** Mai–Okt. Mo–So 10–18 Uhr, Nov.–April Mi–So 10–18 Uhr | **Tipp** Vom Deich aus sieht man halb rechts auf der anderen Elbseite Cinderellas Welt, Hamburgs Vornehm-Quartier und Treppenviertel Blankenese.

14 — Der Sofa-Stubbe
Versuch's mal mit Gemütlichkeit

Die Sofas sind älter als 200 Jahre. Die Familie Stubbe weiß das so genau, weil sie die Möbel mal hat aufpolstern lassen. Da hat der Polsterer Zeitungen vom Anfang des 19. Jahrhunderts gefunden, mit denen die Sitzflächen gestopft waren. Der Tisch mit der Couch in der Ecke unter dem gerahmten Foto ist der beliebteste Platz. Das Bild zeigt den Bruch des Deichs während der Sturmflut im Februar 1962. Eine Schiffsglocke hängt daneben. Auf einem Bord steht das Modell eines Frachtenseglers, den Vorfahr Friedrich Vorwerk einst gebaut hat. Der Betrieb ist auch mal Schiffswerft gewesen. Rechts die Fotogalerie der Ahnen und Urahnen. Gastwirtin Nicole Stubbe ist die junge Inhaberin in der siebten Generation.

Für die Enkelin hat Opa Hans Peter Stubbe handschriftlich notiert, wie er die 1962er Jahrhundertflut erlebt hat. Man feierte einen 60. Geburtstag bei den Stubbes, die Bude war voll. Alle mussten helfen, Küchengerätschaften und Möbel ins obere Stockwerk zu schaffen. »In einer halben Stunde war das Wasser sieben Treppenstufen gestiegen.« Die 37 Gäste, darunter 14 Kinder, fanden Schutz in Hans Peter Stubbes Haus.

Aber er musste raus, er war ja bei der Feuerwehr. Die Deiche zu sichern war jetzt das Lebenswichtigste. Von dort sah er im Mondlicht die Silhouette seines Gasthofs, der aus dem Wasser ragte. Ein Schiff, das Motorschiff von Jonny Hamm, das über den Deich zu treiben drohte. »Ich schäme mich nicht, es zu schreiben: Ich bekam eine Angst wie nie zuvor in meinem Leben.«

Das Gasthaus hat auch einen schönen Garten. Aber am besten schmeckt der Pannfisch, Fischfilets aus der Pfanne mit Bratkartoffeln und Senfsoße, in der Holzdielen-Stube. Zumal wenn der Wind kräftig bläst. Eine betende Nixe hockt dort in einer Truhe, Seekarten und Schiffsmotive hängen an den Wänden. Ein maritimes Gesamtkunstwerk. Und dann sind da eben die Sofas. Weshalb das Gasthaus bei den Einheimischen nur der Sofa-Stubbe heißt.

Adresse Lühe 46, 21635 Jork-Borstel, Tel. 04142/2535 | **Anfahrt** von der A7 (Ausfahrt Hamburg-Waltershof) Richtung Finkenwerder/Cranz und Jork/Stade, direkt vor dem Lühesperrwerk scharf links | **Öffnungszeiten** April–Sept. Di–So 11.30–20 Uhr, Okt.–März Mi–So 11.30–20 Uhr | **Tipp** Das Lühesperrwerk hat man nach der Sturmflut von 1962 gebaut. Die Oberkante der Tore, die das Wasser aufhalten sollen, beträgt 7,60 Meter über Normalnull. Ab einem Wasserstand von 2,20 Meter über Normalnull werden die Tore geschlossen.

BORSTEL

15 Das Unterfeuer Mielstack
Großer Kampf um einen kleinen Turm

Nein! Da spielen wir nicht mit! Alle waren sich einig. Anwohner. Alte Seebären. Die Denkmalschützer. Als das Wasser- und Schifffahrtsamt das Laternenhaus auf dem historischen Leuchtturm Mielstack hinterm Deich abreißen lassen wollte, fanden sie sich im Protest zusammen. Die Laterne sei zu gefährlich, auch wenn sie gar nicht blinkt, argumentierte die Behörde. Zu groß sei das Risiko, dass ortsunkundige Schiffsführer die Turmspitze doch als sogenannte Tagessichtmarke identifizieren könnten. Dabei hatte man das Ersatzbauwerk schon in Betrieb genommen. Sechs Meter höher als der 16 Meter große alte Leuchtturm. Und vor dem Deich. Die Borsteler schimpften, als man ihr Wahrzeichen nun verstümmeln wollte: »Wir lassen den Turm nicht kastrieren!«

Eine Richtfeuerlinie, an der sich Kapitäne orientieren, besteht immer aus einem höheren Oberfeuer (siehe Ort 46) und einem niedrigeren Unterfeuer. Sieht ein Lotse oder Steuermann die beiden Lichter senkrecht übereinander, ist er auf einem guten Weg. An dieser Position markiert das Oberfeuer Somfletherwisch die richtige Linie durch einen Bogen der Elbe, bis 2010 ergänzt vom Unterfeuer Mielstack, seither vom neuen Unterfeuer Somfletherwisch. Der Neubau war nötig, weil die Schiffe immer größer werden. Ausgelegt waren Oberfeuer und Unterfeuer für Schiffsbrücken mit einer Höhe von 20 Metern. Heute sind Schiffsbrücken oft weit über 60 Meter hoch. Der Leuchtweg, die Sichtbarkeit der Feuer, stimmte nicht mehr.

Man hat sich letztendlich zusammengerauft. Die Schifffahrtswächter stimmen einem Test zu, ob der alte Turm tatsächlich die Schiffelenker irritieren würde. Das Wahrzeichen hat den Test bestanden, kastriert wurde es nicht. Um jede Verwechslung auszuschließen, hat man den oberen Teil, der über den Deich lugt, grau gestrichen. Ein Privatmann aus Bayern hat den Turm und das Wohnhaus für 310.000 Euro ersteigert.

Adresse Lühe 21, 21635 Jork-Borstel | **Anfahrt** von der A7 (Ausfahrt Hamburg-Waltershof) Richtung Finkenwerder/Cranz und Jork/Stade, nach der Straße Wisch auf der linken Seite | **Tipp** Der Glaspavillon rechts neben dem Haus ist Parkplatz für ein Oldtimer-Cabrio. Der Eigentümer hat das filigrane Stahlgerüst selbst entworfen und in China anfertigen lassen. Es heißt, das sei billiger, als hier eine Garage zu bauen.

BORSTEL

16 Der Wehrt'sche Hof
Letzter erhaltener Herrensitz

Dieser Hof hat viele vermögende Eigentümer gehabt. Der Besitz von Jacob Dehmel ist im Schatzregister von 1588 so beschrieben: »Ein Haus von zwölf Gefachen«. Dehmel hat es mit der Familie, Mägden und Knechten bewohnt. Ein Gefach war die Maßeinheit für den Abstand zwischen zwei hölzernen Pfosten der Ständerbau-Architektur, etwa 2,75 Meter. Das Dehmel'sche Haus wird also 33 Meter lang gewesen sein. Auf dem Hof standen drei Scheunen und zwölf Stapelbauten für Getreide. »Dazu ein Viehstand von neun Pferden, vier Fohlen, sechs Kühen, drei Ochsen, drei Rindern und fünf Schweinen.« Mit seinen Zugtieren hat Jacob Dehmel 32 Altländer Morgen bewirtschaftet. Ein Morgen war vier Ruten breit und 120 Ruten lang, eine Rute maß 4,10 Meter. Eine Fläche groß wie 36 Fußballplätze hat Dehmel also beackert.

Über viele Generationen haben die Dehmels den Hof geführt. Vorher hat er dem Kloster Sankt Georg in Stade gehört. Den ersten Bau haben die Soldaten des Generals Pappenheim im Dreißigjährigen Krieg abgefackelt. Das heutige Anwesen hat Nicolaus Dehmel 1632 bauen lassen, es gilt als der einzige komplett erhaltene Herrensitz des Alten Landes. Wegen Schuldforderungen trat Dehmel das Gut 1665 an Hans Christoph von Königsmarck ab, der Generalgouverneur des Alten Landes war. Der verpachtete das Anwesen und die Ländereien. Seit 1790 ist der Hof im Besitz der Familie Wehrt.

Ungewöhnlich ist die Ausrichtung: Das Wohnhaus steht mit der Traufe parallel zur Straße, nicht mit dem Giebel wie sonst üblich. Charakteristisch hingegen die Farbgebung: Die Pfosten und Balken des Fachwerks sind weiß gestrichen, Türen und Fenster in Grün, die Gefache mit roten Backsteinen ausgemauert. Das Haus hat mit Wendeltreppe und Schnitzereien der Barockzeit eine kostbare Innenausstattung. Von vorne nicht einsehbar: Im rechten Winkel schließt sich ein 30 Meter langer Wirtschaftsteil mit Reetdach an.

Adresse Große Seite 8a, 21635 Jork-Borstel | **Anfahrt** von der A7 (Ausfahrt Hamburg-Waltershof) Richtung Finkenwerder/Cranz und Jork, in Borstel links in die Straße Große Seite | **Öffnungszeiten** Der Hof ist privates Wohnhaus. | **Tipp** Das Haus Große Seite 9 war früher ein Krug, eine Dorfwirtschaft. Heute ist es das Gemeindehaus der Kirche Sankt Nikolai. Im Haus 10 ist die Altländer Musikschule zu Hause.

17 Die Feldbahn-Lore
Ziegel für Hamburgs Wiederaufbau

Das Feuer, das ein Nachtwächter im Mai 1842 beim Zigarrenmacher Eduard Cohen in der Hamburger Deichstraße entdeckt, ist nicht zu stoppen. Rasend schnell brennen die umliegenden Speicher. Wolle, Flachsgarn, Talg und Alkohol lagern hier, leicht entzündliche Ware. Es ist zudem sehr trocken, die Fachwerkgebäude brennen wie Zunder. Der Große Brand wird zur Tragödie der Hansestadt. Vier Tage wütet das Feuer, das 50 Kilometer weit sichtbar ist. Immer wieder facht Wind die Flammen an. 51 Menschen sterben, 20.000 werden obdachlos. Das sind zehn Prozent der Bewohner. Drei Kirchen werden zerstört, das Rathaus, das Stadtarchiv und die alte Börse.

Das große Unglück der Nachbarn empfinden auch die Altländer als schlimm. Es ist aber ihr großes Glück. Eine vorübergehende Industrialisierung beginnt. Hamburg muss wiederaufgebaut werden. Mit feuerfesten Ziegeln will man das neue Viertel errichten, und die Erde im Urstromland der Elbe liefert Ton. In Windeseile schießen Ziegeleien aus dem Boden. Die Bauern betreiben sie zunächst als Nebengewerbe. Die Ewer und Jollen schleppen jetzt nicht nur Obst, Getreide und Bier – Backsteine sind eine wichtige Fracht. 1845 sind es erst acht Ziegeleien in Cranz, Moorende und Hasselwerder. Zur Hochzeit um 1877 stehen mehr als 260 Werke. Die schwere Handarbeit erledigen Wanderarbeiter aus dem Fürstentum Lippe. Von morgens 3 Uhr bis abends 21 Uhr schuften sie an den Öfen. Die Ziegler sind in Scheunen untergebracht. 1881 zählt man allein im Amt Jork 32 Steinbrennereien.

Feld- und Lorenbahnen für den schnelleren Transport der Rohmasse und die Erfindung des Ringofens machen die Massenproduktion möglich. In Bützfleth werden 270 Millionen Steine im Jahr gebrannt. Später sind Kalksandstein und Beton als Baumaterial gefragt. Heute steht keine einzige Ziegelei mehr im Alten Land. In der Nachbarregion Kehdinger Land brennt ein Ziegelwerk noch nach alter Tradition.

Adresse Süd-Kreisel, Kreuzung Obstmarschenweg/Flethweg/Alte Chaussee, 21683 Stade-Bützfleth | **Anfahrt** von der A26 (Ausfahrt Stade-Ost) Richtung Drochtersen/Wischhafen, auf dem Obstmarschenweg immer geradeaus | **Tipp** Auf dem Bützflether Nord-Kreisel hat man eine Feldbahn-Lok aufgestellt, Baujahr 1966 (Kreuzung Obstmarschenweg/Kirchstraße/Deichstraße).

18 Die Aprikosen-Farm
Süße Folgen des Klimawandels

Diese Aprikosen schmecken anders. Wirklich aromatisch. Süß mit angenehmer Säure. Das Fruchtfleisch ist fest. Sanft orange. Früchte der Sorten Kioto und Pinkcot. Und Bergeron-Aprikosen, die haben rötliche Bäckchen. Kein Vergleich mit der Importware, die Kühlwagen aus der Türkei, Italien und Südfrankreich ankarren. »Die Kollegen dort müssen schon drei Wochen vor der Reife pflücken«, sagt Obstgärtner Peter Stechmann. Damit die Ware optisch einwandfrei in die Regale kommt. Stechmann pflückt seine Aprikosen reif vom Baum. Fast reif. Er pflückt zwei Tage vorher, sonst würden sie bei der Ernte Schaden nehmen.

Sonnenverwöhnte Mittelmeerfrüchte aus dem Alten Land! Das geht, seit Frühjahr und Sommer wärmer werden. »Ich finde den Klimawandel nicht nur negativ«, sagt Peter Stechmann. Er baut auch Äpfel und Kirschen, Zwetschgen und Erdbeeren an. Aber die hat jeder Obstbauer in der Region. Stechmann hat zudem Aprikosen und Nektarinen. An 350 Bäumen wachsen die Südfrüchte unter Foliendächern. Eine Investition im mittleren fünfstelligen Bereich.

Aprikosen sind höchst empfindlich. Sie blühen früh, Ende März bilden sie rosafarbene, wohlduftende Blüten. Wenn es dann noch mal friert, wäre alles zunichte. Apfelbauern beregnen die Blüten bei Frost, es bildet sich ein Eispanzer, der schützt. Bei Aprikosen geht das nicht, Wasser von oben macht sie anfällig für Pilzbefall. Deshalb die Folien als Kälteschutz und für den Treibhauseffekt im Sommer.

Viel Zeit verbringt Peter Stechmann mit seinen Aprikosen. »Sie sind arbeitsintensiv.« Schon im Ansatz müssen die Früchte vereinzelt werden, sonst klemmt sich der Ohrenkneifer dazwischen, der am meisten gefürchtete Schädling. Zur Ernte im Juli und August muss der Obstgärtner bis zu sechsmal in jeden Baum. Bei Äpfeln wird nur zweimal gepflückt. Demnächst will Stechmann es mit Neuem versuchen: mit Plattpfirsichen aus dem Alten Land.

Adresse Apensener Straße 202, 21614 Buxtehude, Tel. 04161/89952 | **Anfahrt** von der B73 in die Apensener Straße bis zur Firma Pioneer Saaten, durch die Einfahrt, links an den Lagerhallen vorbei | **Öffnungszeiten** Di–Fr 10–18 Uhr, Sa 9–13 Uhr | **Tipp** Die Apensener Straße zurück Richtung Buxtehude, rechts in den Föhrenweg bis Klein Niendorf: Im Hofcafé Tschritter hat man Estetal-Blick (Stadtweg 20, 21643 Klein Niendorf, geöffnet März–Okt. Mi–So und Feiertage 13.30–17.30 Uhr, Nov.–Dez. und Feb. Sa–So 13.30–17.30 Uhr).

19 Der bellende Schwanz
Von wegen am Ende der Welt

1.500 Hunde sind in Buxtehude registriert. Wie sich das gehört. Das heißt, Frauchen oder Herrchen zahlen Hundesteuer für den treuen Freund. Die geduldigen Mitarbeiter der zuständigen »Fachgruppe Finanzen, Beteiligungen und zentrales Controlling« der Stadt haben viele Terrier, Chihuahuas, Retriever, Schnauzer oder Huskys kläffen gehört, wenn Hundehalter den Liebling zur Anmeldung mitbrachten. Dass einer der Vierbeiner mit dem Schwanz die gellenden Laute von sich gegeben hätte, ist aber nicht erinnerlich. Und doch sagt die Redensart, Buxtehude liege dort, »wo die Hunde mit dem Schwanz bellen«. Der Schnack ist Synonym fürs Ende der Welt. Für Ortsfremde ist Buxtehude tiefste Provinz. Wie das fiktive Kleinkleckersdorf, Hintertupfingen oder Posemuckel. Andere bezweifeln gar, dass es Buxtehude überhaupt gibt. Wie Bielefeld. Die sollen nur kommen!

Der Ursprung des geflügelten Wortes wird auf das Mittelalter datiert. Damals holte der Erzbischof Holländer ins Land, um beim Kloster Buxtehude Deutschlands modernsten Hafen zu errichten. Die neue Handelsstadt, bald Mitglied der Hanse, erhielt eine prächtige Kirche mit einem hohen Turm. Die Glocken wurden mit einem langen Seil geläutet, das galt als moderne Technik. Auf dem Land hat man die Glocken noch mit dem Hammer geschlagen. Bald franste das Seil aus und erinnerte an einen Hundeschwanz. So lag es nahe, die Glocken Hunde zu nennen und ihr Läuten als Bellen zu bezeichnen. Von wegen hinterm Mond. Die Redensart erzählt im Prinzip davon, wie fortschrittlich die Buxtehuder immer schon waren.

Vor der Sparkasse hat der Künstler Fritz Fleer den Schnack in ein Bildnis übersetzt. Ein Hund thront auf einem Betonbaustein, in dem eine Glocke hängt. Fleer hat sich für einen Dackel entschieden. Dackel zeichnen sich durch ein ausgeprägtes Selbstbewusstsein aus. Die Buxtehuder können gut leben mit der Redensart.

Adresse Bahnhofstraße 18, 21614 Buxtehude | **Anfahrt** von der B73 in die Straße An der Rennbahn, rechts in die Stader Straße, nach der Linkskurve links in die Gildestraße, rechts in die Bahnhofstraße | **Tipp** Fritz Fleer (1921–1997) hat weitere Statuen für Buxtehude modelliert: die Lautenspielerin (Bahnhofstraße 7) und den Hase-und-Igel-Brunnen (siehe Ort 24).

20 — Das Deck 2
Sofa-Konzerte mit Picknick

Sich auf Omas Plüschsofa oder im alten Ohrensessel lümmeln – bequemer lässt sich ein Konzert nicht erleben. Lieblingsgetränke bringt das Publikum mit. Manche packen auch ihre Tupperdosen aus mit Leckerem, das sie daheim vorbereitet haben. Wie zu Hause sollen sich die Gäste fühlen bei den Sofa-Konzerten auf Deck 2. Picknick mit Livemusik. Das ist hyggelig! »Es treten Künstler auf, die bereits bekannt sind und für ihre Fans an einem besonderen Ort spielen wollen, sowie Künstler, die noch etwas unbekannter sind und ihre Fanbase erweitern möchten«, sagt Veranstalterin Simone Kleinheinz. Blues und Soul. Indie Rock. Kammerpop. Starke Texte. Tiefe Emotionen. Für nur 70 Zuhörer, die es sich gemütlich machen. Die Musiker und Songwriter kommen oft aus Hamburg, Schleswig-Holstein, Niedersachsen. Am Ende geht der Hut rum. Das Publikum entscheidet, wie voll er wird.

Simone Kleinheinz nennt sich die »Kapitänin« auf Deck 2. Die Designerin für gehäkelte Wohnaccessoires betreibt im ersten Obergeschoss der alten Malerschule ihre »Kreativwirtschaft«. Mit Ateliers. Mit Ausstellungsfläche. Dank deckenhoher Fenster vom Tageslicht durchflutet. Der Laden sei »ein bunter Ort«, sagt Simone Kleinheinz. Eine »Kreativeierlegendevollmilchsau«. Ein Co-Working-Space – auf Deck 2 spricht man Neudeutsch. Andere Kreative können sich auf Dauer oder für ein Projekt einmieten. Wer will, auch nur für Stunden. Sie können Werkstatt und Werkzeuge nutzen, ihre eigenen Artefakte anbieten. Kunsthandwerk made in Buxtehude.

Deutschlands älteste Maler- und Lackiererfachschule, 140 Jahre eine Institution, hat 2016 aufgeben müssen. Kein Nachwuchs. Machten früher jährlich 50 Absolventen ihren Meister in der Hansestadt, waren es zuletzt nicht einmal mehr die Hälfte, von 25 Dozenten unterrichtet. Bevor die Malerschule einzog, ließ der britische Unternehmer William Dawson in dem Gebäude Steingut produzieren.

Adresse Hafenbrücke 1, 21614 Buxtehude, Tel. 0178/3889198 | **Anfahrt** von der B73 bei Eilendorfermoor in die Harburger Straße, bis zum Ende, rechts in die Straße Hafenbrücke | **Öffnungszeiten** Do, Fr 11–18 Uhr, Sa 11–16 Uhr, Sofa-Konzerte unter www.malerschule-deck2.de | **Tipp** Sieht aus, als hätte man ihn bei Abbrucharbeiten vergessen: »Der Siebte Schornstein« auf der anderen Straßenseite (Flethschleuse) ist ein Werk des Künstlers Jan Svenungsson. Den ersten baute er in Schweden, zehn Meter hoch. Jeder weitere wurde einen Meter höher.

21 Das Entlein
»Hallo, ihr lieben Gäste!«

Das ist ganz großes Kino. Mit kleinen, wendigen Booten jagen Paddler in Schwimmweste und mit Schutzhelm einem bunten Ball hinterher. Die Einerkajaks rempeln sich an, fahren übereinander. Wasser spritzt und schäumt. Der Ball wird mit dem Paddel gespielt oder mit der Hand. Ziel ist es, ihn ins Tor zwei Meter über dem Wasserspiegel zu befördern. Der Torwart versucht, dies mit seinem Paddel zu verhindern. Was aussieht wie eine wilde Mischung aus Wasserball, Paddeln und Basketball, ist Kanu-Polo, ein junger Trendsport. Gespielt wird fünf gegen fünf, zweimal zehn Minuten mit drei Minuten Halbzeitpause. Könner zeigen die unter Kanuten bekannte Eskimorolle, die hier Handrolle heißt, weil sie ohne Paddel mit der Hand ausgeführt wird. Plötzlich verschwindet ein Spieler unter Wasser, schießt aus der Drehung im Kajak zurück an die Oberfläche, macht das Tor. Szenenapplaus.

Die Zuschauer beobachten das Spektakel vom Nordufer des Stadtparksees aus. Oder auf der Wasserterrasse gegenüber, im Entlein. Das ist der Platz für Genießer. Unter wuchtigen Trauerweiden sitzt man in Strandkörben, Ausführung Keitum Teak. An Bistrotischen oder in Liegestühlen. Wer Glück hat, ergattert einen Logenplatz in einem der zwei fünfeckigen Pavillons, die über dem Wasser schweben.

»Hallo, ihr lieben Gäste! Was darf es sein?« Einem so herzlichen Service kann niemand widerstehen. Entspannend auch die Musik aus den Boxen, gerne mit dem Sound karibischer Steelbands. Das Entlein ist Café, Bar, Lounge und Eventlocation am Ufer des Stadtparksees mit großem Entenhaus. Wer schon zum Frühstück kommt, bestellt »Küken«, die kleine Portion. Oder »Erpel« für den großen Hunger. Beliebt sind Hähnchenfilet-Spieße, Panini und die hausgemachten Waffeln. Kichernde Teenager mischen sich mit Businessmen, Studierenden oder dem Schinkenrollenclub älterer Damen, die nach dem Kosmetik-Shopping im Entlein auftanken.

Adresse Am Geesttor 22, 21614 Buxtehude, Tel. 04161/502172 | **Anfahrt** von der B73 in die Straße An der Rennbahn, rechts in die Stader Straße und Hansestraße, links in die Poststraße, rechts in die Bleicherstraße und Viverstraße, links in die Straße Am Geesttor | **Öffnungszeiten** Mo–So ab 9 Uhr, Kanu-Polo in der warmen Zeit Di 18 Uhr, Fr 17 Uhr | **Tipp** Zwischen Strandkörben und Stühlen: die Großplastik »Figur 1000« mit Rostpatina, eines von tausend Exemplaren, die der Künstler Horst Antes weltweit verbreiten will. Dieser moderne Klassiker steht auch in Japan, Südkorea, Südafrika.

22 Das Fuhrmannshaus
Demonstratives Glaubensbekenntnis

Das Haus mit der Sonne im Giebel hat nicht immer an der heute engen Gasse gestanden. Früher hatte es selbst einen Platz an der Sonne, da war die andere Straßenseite, wo jetzt die Stadtbibliothek steht und zuvor Pfarrer wohnten, noch nicht bebaut. Das Haus, dessen Front nach Nordosten ausgerichtet ist, wurde damals von den Strahlen der aufgehenden Sonne wach geküsst. Durch das große Tor ging's auf den Hof, wo die Pferde ihre Ställe hatten. Der Fuhrunternehmer Johann Otto Meyer ist 1962 ausgezogen. Davor hat das Fachwerkhaus dem Fuhrmann Johann Claus Krönke gehört. Der hatte es vom Fuhrmann Heinrich Philipp Fuchs übernommen. Er war der Sohn des Scharfrichters in Buxtehude.

Heimatforscher vermuten, dass die ersten Bewohner des Hauses Lehrer gewesen sein könnten. »Darunter zwei Studierte.« Sie schließen das aus dem im Spitzgiebel genannten Baujahr und den ins Balkenwerk geschnitzten Sprüchen. 1553 ist als Jahreszahl angegeben. Das war elf Jahre, nachdem die Reformation in Buxtehude angekommen und die Stadt zum lutherischen Glauben übergetreten war. Und es war ein Jahr, nachdem man der Stadt eine neue Schulordnung verpasst hatte. Ganz nach Martin Luthers Lehren. Für die neue Schule stellte die Stadt bibeltreue Pädagogen an. Zwei der Giebelsprüche sind einer plattdeutschen Ausgabe der Lutherbibel entnommen: »De Segen des Heren maket rick ane mouie« (Der Segen des Herrn macht reich ohne Mühe) und »Is Godt mit uns wol kan wedder uns sin« (Ist Gott mit uns, wer kann wider uns sein?). Der dritte Spruch ist der Beginn eines Kirchenlieds: »Wol Godt vortrouwet de heft wol gebouwet« (Wer Gott vertraut, hat wohl gebaut). Sicher ist, dass die Bewohner ihren Glauben nach außen sichtbar machten.

Wann die grotesken geschnitzten Masken mit goldenem Maulring und Fruchtgehänge angebracht wurden, ist nicht bekannt. Sie ähneln einer Maske am Eingang des Dogenpalastes in Venedig.

Adresse Fischerstraße 3, 21614 Buxtehude | **Anfahrt** von der B73 bei Eilendorfermoor in die Harburger Straße, bis zum Ende, links in die Hansestraße, Parkplatz auf der rechten Seite, zu Fuß über die Viver-Brücke, über den Sankt-Petri-Platz in die Abtstraße, links in die Moortorstraße bis zur Fischerstraße | **Tipp** Mönche mit Gebetsbüchern und anderen klösterlichen Insignien schmücken das Abthaus. Es war Stadtsitz der Klostervorsteher der Benediktiner (Abtstraße 6).

BUXTEHUDE

23 Die Hafenlage
Schöner Wohnen im Aschenputtel-Viertel

Bis Anfang des Jahrhunderts war dies der Buxtehuder Hinterhof. Fabrikruinen eines Betonfertigteilewerks, Schutthalden, Brachland. Ein heruntergekommenes Areal am attraktiven Platz, gleich angrenzend an die historische Altstadt. Eine Analyse des Rathauses erkannte treffsicher »große städtebauliche Missstände, ein desolates, ungeordnetes Bild«. Wassertouristen, die mit dem Boot über die Este kamen, bot sich steuerbords eine schäbige Visitenkarte. Am besten gleich wieder umdrehen, das war der Eindruck.

Es war ein Kraftakt. Aber es ist vollbracht. Man hat die Altlasten weggeschafft. Über die Gorch-Fock-Straße und die Pamirstraße das Gelände neu erschlossen. Mit der Kattau-Mühle (siehe Ort 26) und der alten Malerschule (siehe Ort 20) als südliche Anker ist ein Vorzeigeviertel entstanden. Zwei Dutzend Stadtvillen mit vielen Balkon- und Terrassen-Wohnungen reihen sich nördlich die Este entlang. Endlich wird die begehrte Wasserlage genutzt! Auch der Sportboothafen gegenüber der Werft wurde aufgehübscht. Im Ideenwettbewerb wurde ein Fußwegenetz entwickelt, das eine öffentliche Flusspromenade mit einschließt. In den östlichen Seitenflügel der Malerschule ist das »Kulturforum am Hafen« eingezogen, Projektwerkstatt und Künstlertreff, Musik- und Kleinkunstbühne, Veranstaltungsort für kommunales Kino. Davor verabredet man sich gern auf den Hafenterrassen, deren Steganlage die Verbindung zur Altstadt schafft. Flutmarken am neu gestalteten Hafenplatz erinnern an die Wasserhöchststände. Mühelos überspringen Blickachsen die Barrierewirkung der Straße Hafenbrücke, die den Stadtkern vom neuen Viertel trennt.

Auch die Gründahl-Mühle auf der östlichen Seite des Hafens, 1836 als Ölmühle errichtet, gehört zum Ensemble. Später hat man hier Getreide gemahlen, einen vierstöckigen Speicher gebaut. Erst 1990 wurde der Betrieb eingestellt. Heute ist das Gebäude Wohn- und Geschäftshaus.

Adresse Am Hafen/Gorch-Fock-Straße/Pamirstraße, 21614 Buxtehude | **Anfahrt** von der B73 bei Eilendorfermoor in die Harburger Straße bis zum Ende, rechts in die Straße Hafenbrücke, im Kreisel 1. Ausfahrt | **Tipp** Den Neptun mit Dreizack auf dem Hafendeck des Kulturforums hat Bildhauer Angelo Monitillo aus Schrauben, Schraubschlüsseln, Kneif- und Gewindezangen geschweißt.

24 Der Hase und der Igel

Und die Moral von der Geschicht?

Wann genau sich dieses so bedeutsame Sport-Spektakel zugetragen hat, ist nicht überliefert. Wir wissen nur, was ein gewisser Wilhelm Schröder, Journalist und Zeitungsverleger, darüber am 26. April 1840 im Hannoverschen Volksblatt schrieb. Die Überschrift seines Artikels: »Dat Wettlopen twischen den Has un den Swinegel up de lütje Heide bi Buxtehude«. Auf Hochdeutsch: »Der Wettlauf zwischen dem Hasen und dem Igel auf der kleinen Buxtehuder Heide«. Der Chronist berichtet detailgenau, gesteht aber ein, dass er gar nicht dabei war, sondern sich die Sache von seinem Großvater hat erzählen lassen. Wobei zweifelhaft ist, ob der Opa Zeuge war. Augenzwinkernd heißt es: »Wahr mutt disse Geschicht doch sien, anners kunn man se jo nich vertellen!«

Jedenfalls hat der Hase den Igel wegen seiner krummen Beine verspottet, weshalb dieser das Langohr zum Wettlauf auffordert. Das Rennen beginnt. In parallelen Ackerfurchen laufen der Hase und der Igel nebeneinander. Aber der Igel macht nur wenige Schritte, duckt sich dann weg. Heimlich hat er am Ziel, dem Ende der Furche, seine Igelfrau platziert. »Ick bün al hier!« (Ich bin schon da!), ruft sie dem Hasen entgegen. Der will die Schmach nicht auf sich sitzen lassen, ruft: »Noch einmal gelaufen, wieder rum!« Doch diesmal wartet der Igelmann am Ziel. Das geht so hin und her. Beim 74. Rennen bricht der Hase tot zusammen, Blut läuft aus seinem Maul. Der Igel zieht mit der Siegerprämie davon, einem Golddukaten und einer Buddel Branntwein.

Man hat dem Ereignis mit einem Brunnen ein Denkmal gesetzt. Was zu hinterfragen ist. Denn erstens haben wir hier den Beleg: Sport ist Mord. Zweitens sind Hase und Igel echt fiese Kerle. Der Hase, weil er dem Igel keine Wertschätzung zeigt. Der Igel, weil er ein gemeiner Trickser ist. Drei Jahre nach der Veröffentlichung des Berichts nahmen die Gebrüder Grimm diesen in ihre Märchensammlung auf.

Adresse Ecke Am Geesttor/Zwischen den Brücken, 21614 Buxtehude | **Anfahrt** von der B73 in die Straße An der Rennbahn, rechts in die Stader Straße und Hansestraße, links in die Poststraße, rechts in die Bleicherstraße und Viverstraße, links in die Straße Am Geesttor | **Tipp** Nur ein paar Schritte Richtung Bahnhof: Die Kunstinsel auf dem Viver, dem alten Burggraben, wird jedes Jahr von einem anderen Künstler bespielt (Zwischen den Brücken 8).

25 Das Heimatmuseum
Spende eines Seifenfabrikanten

Die Sänger der »Liedertafel Treue« haben ihre Frauen und Kinder dabei, als sie am 20. Juli 1902 einen Sonntagsausflug machen über die Elbe nach Cranz. »Das einzige Vergnügen, das sie sich im ganzen Jahr leisten konnten«, schreiben später die Hamburger Nachrichten. Die fröhlichen Familien sind am späten Abend mit dem Raddampfer Primus auf der Rückfahrt. Auch eine Musikkapelle ist an Bord. Gegen Mitternacht rammt ein Frachter den Dampfer, schiebt ihn vor sich her. Dann löst sich die Primus mit Schlagseite, sinkt in einer Viertelstunde auf acht Meter Tiefe. 103 Menschen ertrinken. Männer, Frauen, Kinder. Man hat das Schiff später gehoben, instand gesetzt und in Buxtehude umgetauft. Aber mit dem Unglücksdampfer will niemand mehr fahren. Das Schiff wird abgewrackt, ein Teil des Inventars gesichert. Darunter das Steuerrad, das der Steuermann in den Händen hielt.

Zuletzt war es Deckenlampen-Deko. Jetzt ist es Ausstellungsstück im Museum für Regionalgeschichte und Kunst. Der Seifenfabrikant Julius Cäsar Kähler hat seiner Stadt 1913 ein Heimatmuseum geschenkt. Als das Haus eröffnet wurde, fand die Fassade Beachtung in ganz Deutschland. Das Buntmauerwerk mit seinen ornamentalen geometrischen Mustern ist typisch für die Region. Das Stadtwappen mit gekreuzten Schlüsseln und Kreuz ist eingearbeitet. Wie so oft in der Altländer Giebel-Architektur sind Sinnbilder hervorgehoben. Eine Sonne als Lebenssymbol. Ein Besen, der vor Gefahren schützen soll. Eine Wiege, die die Sehnsucht der Bewohner nach einem Erben ausdrückt.

Nach langem An- und Umbau wird das Haus 2020 neu eröffnet. Es dokumentiert Stadtgeschichte, Heimatkundliches, in einem Kunstkabinett die Auseinandersetzung zeitgenössischer Künstler mit ihrer Zeit, viel Sakrales. Eine neue archäologische Abteilung zeigt sensationelle Funde von einem in Buxtehude-Immenbeck freigelegten sächsischen Gräberfeld, das größte Europas.

Adresse Sankt-Petri-Platz, 21614 Buxtehude, Tel. 04161/5012333 | **Anfahrt** von der B73 bei Eilendorfermoor in die Harburger Straße bis zum Ende, links in die Hansestraße, Parkplatz auf der rechten Seite, zu Fuß über die Viver-Brücke | **Öffnungszeiten** unter www.buxtehudemuseum.de | **Tipp** Noch ein Mäzen: Magister Gerhard Halepaghe vermachte der Stadt ein Vermögen. Für Armenspeisung, kirchliche Zwecke und Stipendien für Theologiestudenten. Die Stiftung wirkt bis heute. Vor dem Museum steht das Halepaghe-Denkmal des Bildhauers Fritz Fleer.

BUXTEHUDE

26 Die Kattau-Mühle
Ein Bett im Kornspeicher

Man muss die Investoren loben. Viel Geld haben sie in die Hand genommen. Das hat es Bauingenieuren erst möglich gemacht, ein Bravourstück abzuliefern. 144 hydraulische Pressen haben sie unter die historische Kattau-Mühle geschoben. Das fünfgeschossige Industriedenkmal am Alten Hafen, einst modernster Kornspeicher Europas, war in bedenkliche Schieflage geraten. Beim Bau vor über hundert Jahren hatte man zwar den Teil des Baukörpers, der am Ufer der Este liegt, auf stabile Eichenpfähle gegründet. Die übrige Konstruktion stand jedoch auf Torf. So ist die Mühle über die Jahrzehnte um bald einen halben Meter nach Norden gesackt.

Von den Computern der Schwerlasthydrauliker gesteuert, haben nun die Pressen das 1.500 Tonnen schwere Gebäude Millimeter für Millimeter hinten angehoben und vorne abgesenkt. Drei Tage hat die Aktion gedauert. Jetzt stützen 17 Meter lange Pfeiler aus Stahlbeton die alte Mühle.

Ins Erdgeschoss und den flachen Anbau ist Gewerbe eingezogen. 14 Wohnungen verteilen sich auf die übrigen Etagen des Ziegelbaus. Das innere Tragwerk aus Holzbalkendecken und Holzstützen hat man sensibel restauriert und sichtbar gemacht, im früheren Getreidesilo über alle Geschosse ein luftiges Treppenhaus mit Lift eingebaut. Vor die bodentiefen Ladeluken wurden kleine Balkone geschraubt. Für die Ostfassade, weitgehend geschlossen, haben sich die Hamburger Architekten etwas Besonderes einfallen lassen: Hier haben sie quadratische Einschnitte für Loggien in die roten Backsteine gebrochen. So haben sie die ruhige Kontur des Gebäudes bewahrt, gleichzeitig geben sich die Öffnungen als nachträglicher Eingriff in die Bausubstanz zu erkennen. »Ein Vorbild für das Bauen im Denkmal«, lobt Klaus Püttmann, Denkmal-Oberkonservator. Die vermauerten Arkaden an der Südseite wurden geöffnet, sie schaffen eine direkte Verbindung zu den schicken Neubauten in Hafenlage (siehe Ort 23).

Adresse Estebrügger Straße 2, 21614 Buxtehude | **Anfahrt** von der B73 bei Eilendorfermoor in die Harburger Straße, bis zum Ende, rechts in die Straße Hafenbrücke, wieder rechts | **Tipp** Die stählerne Kogge auf dem Kreisel vor der Mühle erinnert an Buxtehudes Vergangenheit als Hanse-Mitglied. Das Segel ist mit dem Hansekreuz und den Schlüsseln aus dem Stadtwappen durchbrochen. Seit 2014 nennt sich Buxtehude wieder Hansestadt.

27 Die Sgraffiti
Hochschule mit Tattoos

Jetzt sind sie wieder makellos. Restauratorinnen aus Dresden, die dort solche Fassadendekorationen am Stadtschloss pflegen, haben die Sgraffiti hergerichtet. Unter den Bögen im Obergeschoss der alten Königlichen Baugewerkschule, einem Palais im Stil der Neorenaissance, stellen weibliche Allegorien Wissenschaft und Kunst, Industrie und Handwerk dar. Acht Damen insgesamt, eine uniforme barbusige Bauchtanztruppe. Darüber zapfen Kolibris Nektar aus Blüten, Hasen springen, ein listiger Fuchs mit Mohrrübe am Hut lauert schon. In Medaillons sind Sextant und Fernrohr, Säulenkapitell und Malpalette, Vase und Bierkrüge, Zirkel, Dreieck und Zimmermannshämmer zu sehen. Die Bildnisse erscheinen weiß, der Hintergrund ist braungrau. Das Gebäude, sonst sandfarben gestrichen, sieht aus wie tätowiert.

Sgraffito-Kunst ist eine alte Kratzputztechnik. Das Wort kommt aus dem Italienischen, von »sgraffiare« (kratzen). Diese Art der Wanddekoration hatte ihre Hochzeit im 15. und 16. Jahrhundert in Rom und Florenz. Die Technik verlangt von den Künstlern höchste Konzentration. Sie tragen farblich unterschiedliche Putzschichten übereinander auf und kratzen vom noch feuchten Putz Flächen wieder weg. Wichtig ist, den richtigen Zeitpunkt zu treffen. Denn hat der vorherige Putz bereits zu stark abgebunden, geht die nächste Schicht keine richtige Verbindung mit ihm ein. Kratzen sie aber zu früh im Putz, kann es passieren, dass sich die Schichten mischen und hässliche Farbschlieren entstehen. Sgraffito-Künstler arbeiten mit Schlingen, Kratzeisen und Spateln. Ein einziger Fehler zerstört die Arbeit von Tagen.

Die ursprünglich reine Technikerschule ist heute die private Hochschule 21, die sich im Namen auf die Postleitregion 21 bezieht. Architekten und Ingenieure werden immer noch ausgebildet, aber auch Hebammen, Pflegekräfte, Physiotherapeuten. Die Cafeteria sieht gerne Gäste.

Adresse Harburger Straße 6, 21614 Buxtehude, Tel. 04161/6480 (Hochschule) und 04161/648150 (Cafeteria) | **Anfahrt** von der B73 bei Eilendorfermoor in die Harburger Straße, bis zum Ende | **Öffnungszeiten** Mo–Fr 7–16 Uhr (Cafeteria) | **Tipp** Auf der anderen Seite der Kreuzung steht die Skulptur »Strandzeichen« im Wasser, aus Strandgut gefertigt. Eine Arbeit von Wulf Kirschner, Träger des Kunstförderpreises der Stadt.

28 Stavenort

Der Puste-Meyer in der Badewanne

Der Name Meyer ist ja nicht ungewöhnlich. Auch am Stavenort hießen viele Meyer. Um sie treffend zu unterscheiden, hat man sie mit Beinamen bedacht. Es gab den Maschinisten-Meyer, der Maschinist in der Papierfabrik war. Den Kanonen-Meyer, er hatte bei der Artillerie gedient. Der Gurken-Meyer aß gern Gurken, am liebsten frisch vom Feld. Der Puste-Meyer spielte Klarinette. Der Historiker Martin Jank hat all diese Familiengeschichten zusammengetragen.

Pittoreske zweigeschossige Fachwerkhäuser stehen am Stavenort. Teils sind die Außenwände mit Resten der alten Stadtmauer verfüllt. Früher war das Quartier das Elendsviertel Buxtehudes. Ledige Arbeiterinnen und Arbeiter lebten hier, aber auch große Familien und Witwen, die nicht wussten, wie sie sechs Kinder durchbringen sollten. Steile Treppen führten zu winzigen Kammern in den schmalen Häusern. Die Toilette war ein »Goldeimer« im Holzverschlag auf dem Hof. Aber nicht immer hat die Armut am Stavenort gewohnt. Zuvor belebten Handwerkerfamilien, Ackerbürger und Händler die Gassen. Eng war es immer, Stavenort war das Gängeviertel. Heute ist davon nichts mehr zu sehen. Im Mittelalter war hier eine Badestube, einmal in der Woche kamen die Menschen zur Grundreinigung in Warmwasserzubern. Vom plattdeutschen Wort »Stave« für »Stube« leitet sich der Name ab. In einem Lied wird das Baden als »die siebente der großen Freuden« besungen. Nicht selten soll eine Hochzeitsfeier als Krönung des Festes in einer Badewanne beendet worden sein.

Man hat vor einigen Jahren versucht, Stavenort zu beleben. Ein Buxtehuder Schnoor sollte es werden, ein Touristenmagnet wie das Künstlerviertel in Bremen. Im Haus Nummer 16 aus dem 16. Jahrhundert hat heute die Kunstschule ihren Sitz, aber sonst ist kein Kunsthandwerker gekommen. Das Buxtehuder Wochenblatt schrieb: »Eines der schönsten Eckchen der Altstadt ist Tristesse vor malerischer Kulisse.«

Adresse Stavenort, 21614 Buxtehude | **Anfahrt** von der B73 bei Eilendorfermoor in die Harburger Straße, bis zum Ende, links in die Hansestraße, Parkplatz auf der rechten Seite, zu Fuß über die Viver-Brücke | **Tipp** Am Stadtarchiv, Haus Nummer 5, spielen 24 Glocken dreimal täglich Melodien passend zur Jahreszeit (Spielzeiten: 11.30, 15.30 und 16.30 Uhr).

BUXTEHUDE

29 — Der Viver
Nun sei bedankt, mein lieber Schwan

Die Kuh vom Eis zu holen ist ja schwer genug. Aber ein Rindvieh auf einen schwankenden Viver-Kahn zu lotsen muss ungleich viel mehr Geschick erfordert haben. Eine Fahrt auf einem der kastenförmigen Flachboote aus geteerten Eichenbohlen mit gewölbtem Rumpf, fünf Meter lang und anderthalb Meter breit, war immer eine wacklige Partie. Wenn aber nun die Bauern im Frühjahr die Kuh aus dem Innenstadt-Stall über den Viver zu saftigen Wiesen schippern wollten, das Tier beim Duft von frischem Gras in den Nüstern ganz unruhig wurde, waren echte Bravourleistungen gefragt. Nicht selten ging das schief. Von etlichen Missgeschicken wird berichtet, bei denen Kuh und Bauer unfreiwillig einen Schwimmkurs machten.

Der Viver (sprich Fiewer) legt sich wie eine Spange um die Altstadt. Die holländischen Bauherren errichteten die Siedlung um den Este-Hafen, das Fleth, ließen den Fluss selbst also durch die Stadt fließen. Sie buddelten aber Gräben, die südwestlich abzweigen und nordöstlich wieder auf die Este treffen. Die damals bis zu 70 Meter breiten Vertiefungen waren als West-Viver und Ost-Viver ein zusätzlicher Schutz der Stadtmauer. »Vijver« (sprich Fäiwer) sagten die Wasserkolonisten dazu. Das Wort bedeutet Seitenarm, in keiner anderen Sprache ist ein ähnliches Wort bekannt.

Früher belebten viele Schwanenpaare den Viver. Die »zehn Schwanengebote« regelten unter anderem, dass Schwanenwärter ausgefallene Federn beim Ratsschreiber abzuliefern hatten, der die Kiele als Schreibgerät nutzte. Die Wächter sollten auch Wilderer aufspüren, die in Hungerjahren keine Scheu mehr vor dem als ungenießbar geltenden Braten hatten. Beim Stadtpark baute man den majestätischen Wasservögeln eigens ein Schwanenhaus, es mutet wie ein fernöstlicher Tempel an. Ein Schwan wurde darin noch nie gesehen. Die Tiere brauchen den Himmel über sich. Ältere Buxtehuder erinnern sich, wie sie als Kinder darin herumgeturnt sind.

Adresse Viverstraße/Am Viverdamm/Hinter dem Zwinger, 21614 Buxtehude | **Anfahrt** von der B73 bei Eilendorfermoor in die Harburger Straße, bis zum Ende, links in die Hansestraße, rechts großer Parkplatz, über die Viver-Brücke (Anfahrt Viverstraße); oder: ab Ende Harburger Straße rechts in die Straße Hafenbrücke, im Kreisel 3. Ausfahrt in die Straße Westfleth, rechts in den Liebfrauenkirchhof, links in die Straße Hinter dem Zwinger | **Tipp** Ein letzter Viver-Kahn liegt am Ufer des West-Vivers. Die schützende Plexiglas-Abdeckung könnte erneuert werden (an der Straße Hinter dem Zwinger gegenüber der Westfleth-Passage).

30 Das Relief am Deich
Eine Schippe drauf

Ein totes Kind hängt in den Ästen eines Apfelbaums. Familien treiben auf den abgerissenen Dächern ihrer Häuser übers schmutzig graue Wasser. Schreie. Panik. Aufgeblähte Rinderleiber neben menschlichen Leichen. So beschreiben Augenzeugen, was sie gesehen haben bei und nach der sogenannten Zweiten Julianenflut, benannt nach der Heiligen des Tages. Am 16. Februar 1962 peitscht der Orkan Vincinette (die Siegreiche) über die Nordsee, schiebt das Wasser in die Deutsche Bucht und die Elbe hinauf. Man hatte die Deiche bis zu einer Höhe von 5,40 Metern gebaut, aber auf weiten Strecken sind sie im Laufe der Jahrzehnte um einen halben Meter gesackt. Und das Hochwasser in der Nacht auf den 17. Februar wird mit 5,70 Metern über Normalnull gemessen! Die Flut greift über die Deichkrone, reißt sie ein. An vielen Stellen bricht das Bollwerk. Auch in Neuenfelde. Auch in Cranz. Das Relief an der Klinkerwand eines zweigeschossigen Hauses erinnert daran.

340 Menschen sterben damals. 20.000 müssen die überschwemmten Gebiete für lange Zeit verlassen. Tausende Jugendliche helfen. Ein Zeitzeuge, damals Schüler und als Rotkreuz-Helfer einem US-Hubschrauberteam zugeteilt, erinnert sich: »Unter uns war nur Wasser, so weit man schaut. Baumkronen, ein paar Dächer gucken aus der Flut. Wir landen in Cranz. Sofort waten von überall Leute auf uns zu. Eine alte Frau weint vor Dankbarkeit, als ich ihr eine Decke um die Schultern lege. Wir verteilen unsere Sachen, fliegen wieder los. Unten stapeln sie ertrunkenes Vieh. Das zu sehen tut richtig weh.«

Der Cranzer und der Neuenfelder Hauptdeich werden in den kommenden Jahren ein weiteres Mal um 70 Zentimeter auf dann neun Meter aufgestockt. Tribut an den Klimawandel. Der Deichfuß wird sechs Meter breiter. Die parallel verlaufende Straße rückt weiter ins Binnenland, wird um einen Rad- und Fußweg ergänzt. Dafür müssen Eigentümer Land abgeben.

Adresse Cranzer Hauptdeich 48, 21129 Hamburg-Cranz | **Anfahrt** von der A7 (Ausfahrt Hamburg-Waltershof) Richtung Finkenwerder/Cranz, über das Estesperrwerk, nach dem Abzweig Estedeich auf der linken Seite | **Tipp** Die Straße Cranzer Elbdeich führt bis zum Estedeich, hier rechts. Nach einem Kilometer und am Gasthaus Zur Post vorbei erreicht man das Industriedenkmal Cranzer Rollbrücke. Sie kreuzt die Este und wird an Land gezogen, wenn ein Segelboot passieren will (Am Alten Estesperrwerk).

ESTEBRÜGGE

31 Die Engelsköpfe
Warum sie keine Nasen haben

Das muss ein Wüterich gewesen sein. Ein Gottloser. Haut mit dem Säbel den pausbäckigen Engelsköpfen grausam die Nasen ab. 52 Mal! So viele kindliche Himmelsgeschöpfe mit lockigem Haar zieren die Wangen der Bänke in der Sankt-Martini-Kirche. Alle ohne Nase! Es soll ein Soldat gewesen sein, der schuld ist an diesem Frevel. Oder war es ganz anders? Die Engelsköpfe sind nicht aus einem Stück geschnitzt. Die Nasen könnten über die Jahrhunderte verloren gegangen sein.

Wenn das Alte Land doch einmal wolkenverhangen ist, sollte man die Sankt-Martini-Kirche besuchen. Ein blauer Sternenhimmel erstrahlt im Deckengewölbe. Der Backsteinbau hat zudem große Klarglasfenster, das garantiert gute Beleuchtung. Man weiß, dass die Kirche vor mehr als 300 Jahren gebaut worden ist, die alte war in sich zusammengefallen. Beim Neubau ließen sich die alten Grundmauern wiederverwenden. Das Kirchenschiff steht auf drei Reihen übereinandergeschichteter Felsen. Das alte Mauerwerk wird auf das Jahr 1450 datiert. Man erzählt Geschichten darüber, warum die Estebrügger sich überhaupt eine neue Kirche leisten konnten. Einmal heißt es, die Hamburger hätten angeboten, der Gemeinde das schöne Geläut abzukaufen. Dafür wollten sie die große Glocke bis zum Rand mit guter Münze füllen. Eine andere Quelle berichtet, man habe die Sitzbänke schon vor dem Neubau an die Obstbauern verkauft, außerdem jeder Magd und jedem Knecht einen Taler abgeknöpft. Jedenfalls kamen 6.115 Taler, 26 Schillinge und 6 Pfennige zusammen. Das hat damals gereicht.

Der Glockenturm ist älter als die Kirche, sein Helm um 36 Grad in sich verdreht. Der weiche Marschboden hatte sich gesenkt, ein Balken brach. Die Kirche steht auf einer Wurt, einem Hügel. Den Vorgängerbau hatten Sturmfluten mehrfach unter Wasser gesetzt. Besonders schlimm war die sogenannte Fastnachtsflut im Februar 1625. Überall brachen die Deiche.

Adresse Steinweg/Neue Straße, 21635 Jork-Estebrügge | **Anfahrt** von der A7 (Ausfahrt Hamburg-Waltershof) Richtung Finkenwerder/Cranz, nach dem Estesperrwerk links in die Straße Estedeich, bis zum Ende der Königreicher Straße, über die Kreuzung, links in die Estebrügger Straße, rechts in den Steinweg | **Öffnungszeiten** April–Okt. Mo–So 10–18 Uhr, sonst in der Gärtnerei Piepenbrink nach dem Schlüssel fragen | **Tipp** Passt nicht so ganz, ist aus einer anderen Zeit: Die wuchtige Ehrenpforte mit goldenem Adler, der Eingang zum Kirchhof, erinnert an den Deutsch-Französischen Krieg 1870/71.

32 — Die Feuerwache
Alarm für Este 11!

Damals, die Großschlachterei Schwarz: Vor über 40 Jahren in der Nacht vor Silvester steht sie in Flammen. Die Feuerwehrmänner müssen auch gegen eine Außentemperatur von minus 15 Grad ankämpfen. Oder der Schießstand der Schützengilde, der plötzlich brennt. Ein Defekt in der elektrischen Anlage wird als Ursache vermutet. Der Baggerführer, der mit schwerem Gerät in den Fluss Este stürzt. Er kann nur noch tot geborgen werden. Dann die Tischlerei Kurzinsky in der Ortsmitte, ein Flammeninferno. Selbst der neue Pastor muss ran. Einsatzleiter Rolf Lühmann hat ihn kurzerhand dienstverpflichtet, Familien aus der Gefahrenzone zu bringen. Lühmanns Männer können wenigstens die Nachbargebäude schützen. Es sind spektakuläre Einsätze, die in der Chronik der Ortsfeuerwehr Estebrügge verzeichnet sind.

Die ehrenamtlichen Feuerwehrfrauen und -männer im Alten Land haben mit besonderen Bedingungen zu kämpfen. Viele der Dächer sind mit Reet gedeckt. Das Zeug brennt wie Zunder. Aber die Angst vor der Flut ist noch viel größer. Wenn schwere Orkane Wassermassen treiben – zuletzt 1962, 1976 oder 2012 –, verlangt es spezielle Kenntnisse und großen Mut. Die Feuerwehrler sind dafür eigens geschult, einige als Deichläufer ausgebildet. Bei Sturmfluten prüfen sie, ob die Bollwerke aufweichen, durchlässig werden, ob sie gar brechen. Ob man mit Sandsäcken noch irgendwie das Schlimmste verhindern kann. Dann packen sie an.

Ein roter Hahn mit Helm und Blaulicht markiert das Gerätehaus der Ortswehr Estebrügge. Ortsbrandmeister Stefan Heinrichs kann auf 28 Aktive bauen, darunter nur eine Frau. Und nur drei Jugendliche. Nachwuchssorgen. Das Team verfügt über ein Aluminium-Mehrzweckboot für den Einsatz auf dem Wasser. Das Löschgruppenfahrzeug in der Garage hat einen 1.100-Liter-Wassertank. Der Wagen ist ein Spezialbau, nur 276 Zentimeter hoch. Das Garagentor misst in der Höhe 280 Zentimeter. Das passt!

Adresse Estebrügger Straße 117, 21635 Jork-Estebrügge | **Anfahrt** von der A7 (Ausfahrt Hamburg-Waltershof) Richtung Finkenwerder/Cranz, nach dem Estesperrwerk links in die Straße Estedeich, bis zum Ende der Königreicher Straße, nach der Kreuzung links in die Estebrügger Straße | **Tipp** »Wir spendieren Kaffee und Kuchen, ihr spendet für unseren Verein«, wirbt die Brückenbäckerei. Als der alte Bäcker aufgab, bildete sich eine Initiative, um das Dorfleben zu fördern. Man backt und genießt. Gespendet wird für soziale und kulturelle Zwecke (geöffnet So ab 14 Uhr, Estebrügger Straße 113).

33 Die Sammlung Matthes
Darum haben die Altländer so viel Geld

Man kann Gerd Matthes noch erleben. Obwohl er tot ist. Im gelben Polohemd blinzelt er spitzbübisch hinter großen Brillengläsern und erzählt, wie alles begann. Damals ist er 14. Wegen eines alten Stuhls legt er sich mit der Mutter an. »Daraus sollte Feuerholz gemacht werden, damit wir eine warme Stube hatten. Ich sagte: ›Feuerholz bekommt man wieder. Wenn aber ein Stuhl verbrannt ist, bekommst du ihn nicht zurück.‹« Auf Plattdeutsch erzählt Gerd Matthes im Video von seiner Sammelleidenschaft. Immer wenn er Neues nach Hause bringt, heißt es: »Jetzt schleppt der Bengel wieder so einen Scheiß an, den andere Leute in den toten Graben werfen.« Der Sohn aber ist sich sicher: »Wenn alles weggeschmissen wird, dann weiß das später ja keiner mehr.«

Bis zu seinem Tod sammelt Gerd Matthes (1932 – 2013). Die Kostbarkeiten Altländer Kulturgeschichte hat er im Erdgeschoss des Elternhauses zusammengetragen. Möbel. Filigranen Silberschmuck. Trachten. Keramiken. In Vitrinen sind Wachspuppen ausgestellt, sogenannte Mönölöken. »Das hat mit Moneten zu tun. Die Puppen lagen in Truhen. Dort hat man früher das Geld aufbewahrt. Die Mönölöken mussten das Geld bewachen.« Zwei Lehnstühle stehen nebeneinander, unterschiedlich groß. Gerd Matthes weiß: »Männer waren ja früher größer als Frauen. Aber nichts ist schlimmer, als wenn ein kleiner Mensch auf einem hohen Stuhl sitzt, mit den Beinen nicht auf die Erde kommt, und es drückt auf die Oberschenkel. Das tut weh. Also hat man Frauenstühle kleiner gemacht. Unsere Frauen sollten auch gemütlich sitzen.«

Augenzwinkernd erklärt Gerd Matthes die traditionelle Kopfbedeckung Altländer Frauen, unter der kein Haar zu sehen ist. Eine schwarze Mütze mit Bändern, an der Seite zu einer Schleife gebunden: »Das Haar ist abgeschnitten worden, ging später ganz aus. Deshalb haben die Altländer so viel Geld: Die Frauen müssen nie zum Friseur.«

Adresse Steinweg 7, 21635 Jork-Estebrügge, Tel. 04162/914755 | **Anfahrt** von der A7 (Ausfahrt Hamburg-Waltershof) Richtung Finkenwerder/Cranz, nach dem Estesperrwerk links in die Straße Estedeich, bis zum Ende der Königreicher Straße, nach der Kreuzung links in die Estebrügger Straße, rechts in den Steinweg | **Öffnungszeiten** April–Okt. So 14–17 Uhr oder nach Vereinbarung | **Tipp** Ums Eck sitzt auf einer Bank vor der Sparkasse »De ole Schipper«, eine Bronzeskulptur von Carsten Eggers (gegenüber der Drehbrücke über die Este).

FINKENWERDER

34 Die Airbus-Plattform
Oberaffengeiler Kick

Für Planespotter, Süchtige und Liebhaber ausgefallener Flugzeug-Motive, ist dies ein Hochamt: einen Flieger mit besonderer Bemalung zu fotografieren, der nie wieder in Europa zu sehen sein wird. Das größte Passagierflugzeug der Welt etwa, ein Airbus A380, bestellt von der japanischen Linie All Nippon Airways (ANA). Drei Wochen stand der Superjumbo mit der Seriennummer 262 in der Lackierhalle des Airbus-Werkes. 120 Maler haben 3.300 Liter Farbe in 16 Blautönen aufgetragen, 930 verschiedene Schablonen waren nötig. Auf der Maschine, die jetzt auf der Route Tokio-Narita/Honolulu fliegt, sind große und kleine Meeresschildkröten abgebildet. Die Tiere gelten auf Hawaii als Symbol von Glück und Wohlstand. Die Farbe Blau steht für den Himmel über der Pazifikinsel. Zwei weitere ANA-A380-Airbusse sind in Smaragdgrün (für das Wasser) und Orange (für den Sonnenuntergang) gestaltet. Die fliegenden Schildkröten unterscheiden sich auch in Details: Mal haben sie wache Augen, mal Augen mit Wimpern, mal sind die Augen geschlossen.

Ein scharfes Foto von der Auslieferung eines solchen Fliegers ist für Planespotter der oberaffengeile Kick. Mit großer Ausrüstung reisen sie aus England, Italien oder den Niederlanden an. Auf der Airbus-Plattform bauen sie ihre Leitern auf. Profis hören den Funk zwischen Tower und Cockpit ab. Die Maschine rollt zur Startposition, die ersten hundert Fotos werden gemacht. Jetzt heulen die Triebwerke auf. Volle Kraft. Die Schildkröte hebt ab, schon ist sie über den Köpfen. In Sekunden ist alles vorbei. Sieger ist, wer als Erster sein Bild im Netz hochgeladen hat.

Testflüge, Auslieferungsflüge, Bremsentests auf der Piste. Vom Aussichtshügel aus ist viel zu sehen. Aber es gibt keinen Flugplan. Manchmal kann man in ein paar Stunden ein halbes Dutzend Highlights erleben. Am nächsten Tag ist etwas anderes genauso wichtig wie die Kamera: viel Geduld.

Adresse Neßdeich, Neßtor 1, 21129 Hamburg-Finkenwerder | **Anfahrt** von der A7 (Ausfahrt Hamburg-Waltershof) Richtung Finkenwerder/Cranz, rechts in die Straße Neßdeich | **Öffnungszeiten** rund um die Uhr | **Tipp** Am Nachmittag ist es für Fotografen besser, auf die andere Seite des Geländes zu wechseln. Die Sonne leuchtet dann die Flugzeuge besser aus.

FINKENWERDER

35 — Der Bunker Fink II
Monument des Irrsinns

Die 17 viermotorigen Lancaster-Flieger der Royal Air Force, die am 9. April 1945 das Südufer der Elbe ansteuern, tragen schwer. In dreieinhalb Kilometern Höhe klinken die Waffenmeister aus. Bomben vom Typ »Großer Junge« und »Schwerer Schlag«, die bis heute schwerste in einem Krieg eingesetzte Fliegerbombe, stürzen zur Erde. Einige fallen ins Wasser. Aber das Kommando kann auch sechs Volltreffer melden. Die Sprengkörper durchschlagen die 3,60 Meter dicke Decke des U-Boot-Bunkers Fink II auf dem Gelände der Deutschen Werft. Früheren Luftangriffen hatte die Anlage immer standgehalten, sie galt deshalb auch Zivilisten als sicherer Schutzraum. Diesmal werden 58 Menschen getötet, 120 verletzt.

Fink II war ein Tarnname. In den fünf Bunkerkammern hatten 15 Unterwasserboote Platz. 113 U-Boote wurden hier gebaut, Hunderte repariert und gewartet. Kriegsgefangene mussten schuften. Die Deutsche Werft unterhielt ein eigenes KZ, die Männer kamen aus der Sowjetunion, Polen, Belgien, Dänemark und Frankreich. Sie arbeiteten als Schweißer, Schlosser, Elektriker. Hunderte starben mangels Nahrung und durch unmenschliche Lebensbedingungen. Bei einem Bombenangriff 1944 kamen 90 Häftlinge ums Leben. Nach der Kapitulation sprengten britische Royal Engineers den Bunker. Die Ruine zu beseitigen hätte drei Jahre gedauert, 14 Millionen Mark gekostet. Man entschloss sich, den Bunker nur bis auf Geländeniveau abzutragen. Die U-Boot-Kammern wurden verfüllt. Ende des vergangenen Jahrhunderts kippte man Erde über alles, vom Bunker war nichts mehr zu sehen.

Als Airbus nebenan den Runway Richtung Elbe verlängern will, räumt man das Gelände nur so weit wie für den Ausbau erforderlich. Bunkerreste bleiben erhalten. Nach einem Ideenwettbewerb mit Architekten, Landschaftsplanern und Künstlern wird die Ruine als Monument wieder sichtbar. Die ganze Dimension des monströsen Bunkers wird deutlich.

Adresse Rüschweg, 21129 Hamburg-Finkenwerder | **Anfahrt** von der A7 (Ausfahrt Hamburg-Waltershof) Richtung Finkenwerder/Cranz, rechts auf den Aue-Hauptdeich, halb links in die Ostfrieslandstraße, im Kreisel 3. Ausfahrt, vom Neßdeich rechts in den Rüschweg | **Tipp** Eine durchbrochene Betonwand, in der Mitte eine Bronzeplastik, die aus Sicht des Künstlers ein »Zeichen der Hoffnung gegen Verzagen, Verdüsterung und Zwang« setzen soll: An der Ecke Rüschweg/Neßpriel steht Axel Groehls Mahnmal zur Erinnerung an die Zwangsarbeiter der Deutschen Werft.

FINKENWERDER

36 Der Friedhof der schwimmenden Särge
Verbindendes zwischen den Kirchen

Die meisten Friedhöfe empfangen ihre Besucher unbarmherzig. Man muss durch ein schmiedeeisernes Tor, das oft gefühllos quietscht, als wäre der Schmerz der Trauernden nicht groß genug. Nichts, das Mut macht. Nichts Bejahendes. Der Alte Friedhof in Finkenwerder begrüßt mit Zuversicht. Hölzerne Portale mit Schnitzwerk, den Prunkpforten der wohlhabenden Altländer Obstbauern nachempfunden, markieren die Zugänge. In Rundbögen sind Sinnsprüche geschnitzt. »Es ist noch eine Ruhe vorhanden dem Volke Gottes«, heißt es über dem Haupteingang am Landscheideweg. Über dem zweiflügeligen Südtor am Norderkirchenweg steht: »Wir haben hier keine bleibende Stätte, sondern die zukünftige suchen wir.« Die Dächer der Pforten sind neu gedeckt, dem Holz und dem Anstrich täten Pflege gut.

    Wildblumen sind der einzige Schmuck auf dem Alten Friedhof. Vereinzelte Grabplatten sind tief in den Boden gesunken. Denkmale in Schräglage zeugen davon, dass der Untergrund in Bewegung ist. »Cath. Fink geb. Meier« hat man hier im Dezember 1864 beigesetzt. Die letzte Beerdigung in einem Familiengrab war 2006. Zwei Jahre später wurde der Friedhof für Bestattungen geschlossen. Das Tabuthema der Wachsleichen, die in zu feuchten und lehmigen Böden nicht verwesen, war belastend. Der Friedhof liegt zwei bis drei Meter unter null. Wie unter vielen Begräbnisstätten drückte auch hier das Wasser. »Der Grundwasserspiegel ist so gestiegen, dass die Särge im Wasser schwimmen«, schrieb das Hamburger Abendblatt.

    Jogger nutzen den Friedhofsweg. Er ist die direkte Verbindung zwischen der evangelisch-lutherischen Sankt-Nikolai-Kirche und der katholischen Kirche Sankt Petrus, Klosterkirche der Karmelitinnen. Flutmarken zeigen, wie metertief beide Kirchen bei der Jahrhundertflut 1962 im Wasser standen.

Adresse Finkenwerder Landscheideweg 152–164, 21129 Hamburg-Finkenwerder | **Anfahrt** von der A7 (Ausfahrt Hamburg-Waltershof) Richtung Finkenwerder/Cranz, rechts auf den Aue-Hauptdeich, links in den Finkenwerder Landscheideweg | **Öffnungszeiten** ganzjährig | **Tipp** Wie auf einer vorm Wasser sicheren Warft liegt hinter der Nikolaikirche ein kleiner »Karkhoff« (Kirchenaußendeichsweg). Der Neue Friedhof hat die Adresse Finkenwerder Landscheideweg 98.

FINKENWERDER

37 Die Garage der Beluga
Flugzeuge im Bauch

Es geht um wenige Zentimeter. Im Zeitlupentempo schiebt der sogenannte Pusher auf gelben und blauen Leitlinien den gerade gelandeten Riesentransporter durch das Tor der Abfertigungshalle 82. Nur zu etwa einem Drittel, Flügel und Seitenleitwerk passen nicht hinein. In der Garage hebt sich die nach oben schwingende Flügeltür des Frachtraums und gibt den Blick frei auf den gut gefüllten Bauch des fliegenden Wals. Rumpfnasensegmente für den Airbus A320 hat er geladen. Der Bodenkoordinator führt das Beluga Interface Rack passgenau an das Walmaul heran. Wie eine Manschette umschließt das Entladegerüst den Rumpf des Fliegers. Das Interface Rack wird millimetergenau auf Höhe der Metallschienen im Bauch der Beluga gefahren, auf denen die Fracht wartet. Jetzt kann ausgeladen werden. Auf umgekehrtem Weg wird ein Heckelement für einen Airbus A350 im Transporter verstaut. In 90 Minuten startet er nach Toulouse.

Nicht der kleinste Rempler darf passieren. Wird ein Flugzeugbauteil beschädigt, bringt das die gesamte Produktionskette durcheinander. Die Auftragsbücher speziell für die Varianten der A320-Familie, die in Finkenwerder in vier Endmontagelinien gefertigt werden, sind voll. 63 Maschinen allein dieser Reihe will der Flugzeugbauer im Monat ausliefern. Finkenwerder, Toulouse, Sevilla, Broughton in Wales – die Airbus-Fabriken sind über halb Europa verteilt. Jeder Standort ist auf bestimmte Bauteile spezialisiert. Die fünf Belugas schaffen sie hin und her. In Finkenwerder hat Airbus 14.000 Mitarbeiter.

Drei bis fünf der Supertransporter landen und starten täglich. Im Anflug ist der Knollenrumpf der Frachter mit dem bulligen Laderaum über dem Cockpit am eindrucksvollsten. Bis 2025 soll die Flotte durch sechs Beluga XL ersetzt werden. Die neuen Flugwale, denen man ein Lächeln auf die Schnauze pinselt, können zwei A350-Flügel gleichzeitig transportieren.

Adresse Airbus-Aussichtspunkt am Neßdeich, Neßtor 1, 21129 Hamburg-Finkenwerder | **Anfahrt** von der A7 (Ausfahrt Hamburg-Waltershof) Richtung Finkenwerder/Cranz, rechts in die Straße Neßdeich | **Öffnungszeiten** Airbus arbeitet in zwei Schichten, bis 22 Uhr ist Flugbetrieb erlaubt. | **Tipp** Meist landen die Belugas aus Nordosten, setzen direkt am Elbufer auf der Piste auf. Wenn genau dann ein Containerriese mit 70 Meter hohen Aufbauten vorbeizieht, ist der Sicherheitsabstand nicht zu gewährleisten. Die Piloten starten durch. Ein Schnappschuss!

FINKENWERDER

38 Das Gorch-Fock-Haus
»An Land sein ist Gefangenschaft«

Vom Fenster aus hat die Familie auf die Elbe sehen können, Blankenese im Hintergrund. Dort stand man und hielt Ausschau, wartete sehnsüchtig auf Vadder. Heinrich Kinau war Fischer, die Hochseefischerei unter Segeln war gefährlich, aber wenigstens hatte der Ernährer sein eigenes Schiff, einen Ewer. Wenn die Cecilia nun am Horizont auftauchte, Vadder Heinrich im Ölzeug und mit Südwester am Ruder, war das für Mudder Metta und die Kinder ein Fest. Heute verstellen Airbus-Werkshallen den Blick.

Johann Wilhelm Kinau, der später unter seinem Pseudonym Gorch Fock als Mundart-Schriftsteller zu Ruhm kam, war der älteste Sohn. Wie gerne hätte er Vadders Erbe angetreten. »Wenn ick groot bün, will ick mit Vadder up'n Ewer!« Das hätte auch Vater Heinrich gerne gesehen. Man versucht's. Zweimal sticht der Zwölfjährige mit dem Vater in See, ein Eignungstest. Aber Johann, den alle Jan nennen, muss spucken. »Beim Fang und am Netz war er nicht zu gebrauchen«, schreibt sein Biograf Günter Benja. Bei Onkel August macht Jan eine Kaufmannslehre, wird Buchhalter, schreibt nebenher Gedichte und Erzählungen, die in Zeitungen erscheinen. Immer ist die Waterkant Thema. »An Land sein ist Gefangenschaft. Nichts sehe ich mehr von Wind und Wasser! Wär' ich auf See!« In seinem Roman »Seefahrt ist not!« beschreibt Gorch Fock heroisierend das Leben der Fischer von Finkenwerder. Er ist hin- und hergerissen zwischen Leidenschaft und Talent. »Wohin fährst du mit deinem Jan, Gorch Fock? Wohin du mit deinem Gorch Fock, Jan Kinau? Es wäre an der Zeit, dass wir unsere Segel setzten.« In der Seeschlacht am Skagerrak geht Jan Kinau (1880–1916) als Marinesoldat unter.

Sein Elternhaus beherbergt einen wundersamen Schatz. Ein unveröffentlichtes Buch, sein Erstlingswerk, von Hand geschrieben und in rotbraun-dunkelgrünes Leder geschlagen. Gorch Fock hat es für Cousine Martha geschrieben. Ein Poesiealbum.

Adresse Neßdeich 6, 21129 Hamburg-Finkenwerder, Tel. 040/7434186 | **Anfahrt** von der A7 (Ausfahrt Hamburg-Waltershof) Richtung Finkenwerder/Cranz, rechts in die Straße Neßdeich | **Öffnungszeiten** jeden 1. Do im Monat 14–18 Uhr, Gruppen nach Vereinbarung | **Tipp** Das Klinkerhäuschen Neßdeich 65 ist das Geburtshaus von Gorch Fock. Die Familie bewohnte ein Zimmer nach hinten heraus.

39 Die Mosesfabrik
Klos putzen, Knoten knüpfen

Blaue Latzhose, khakifarbenes Hemd und Pudelmütze. In dieser Uniform waren alle gleich. Die Jugendlichen sollten lernen, was Teamwork bedeutet: »in einem Boot sitzen«, »an einem Strang ziehen«. Die Kapitäne Gerad Schuirman und Georg Thaulow schlugen 1862 vor, eine Erziehungseinrichtung vom Stapel zu lassen, in der junge Männer »in Hängematten schlafen, Seemannskost und -kleidung bekommen, in allen auf Schiffen vorkommenden Arbeiten unterrichtet werden«. Hintergrund war, dass auf Handelsschiffen oft unerfahrene Berufsanfänger verunglückten. Hamburger Reeder waren angetan, gründeten eine »Actiengesellschaft« und stellten einige zigtausend Taler zur Verfügung. Das war der Anfang der Deutschen Seemannsschule. Mosesfabrik wurde sie genannt, weil Schiffsjungen an Bord den Spitznamen Moses hatten.

Die erste Schule stand in Steinwerder. Von 1913 bis 1944 wurde in einem gestreckten Backsteinbau in Finkenwerder unterrichtet, der heute Polizeiposten, Sitz der Ortsverwaltung und eines Sozialdienstes ist. Die Leiter des Internats beschrieben ihr Konzept so: »Durch Ordnung und Regelmäßigkeit, Reinlichkeit, Abhärtung und durch eine einfache, aber kräftige Kost, durch körperliche Schulung werden die jungen Leute kräftig und widerstandsfähig und im Geiste der Unterordnung erzogen, die an Bord eines Seeschiffes herrschen muss.« Auf dem Stundenplan standen Rudern, Klettern, Ringen, Klos putzen, Knöpfe annähen. Zum Curriculum gehörten außerdem Navigation, Geografie, Knoten knüpfen, Deck schrubben, Englisch und Französisch. Die Ausbildung für Jungs unter 15 dauerte zwei Jahre, ein Jahr für die Älteren. Wecken war um sechs. Um 21 Uhr hieß es: »Ruhe im Schiff!«

In den Kriegswirren wurde der Schulbetrieb an Land eingestellt, 1944 auf den Dreimaster Großherzogin Elisabeth verlegt. Der Gaffelschoner, Lissi genannt, dient in Elsfleth an der Weser immer noch als Segelschulschiff.

Adresse Butendeichsweg 2, 21129 Hamburg-Finkenwerder | **Anfahrt** von der A7 (Ausfahrt Hamburg-Waltershof) Richtung Finkenwerder/Cranz, rechts auf den Aue-Hauptdeich, halb links in die Ostfrieslandstraße, im Kreisel 3. Ausfahrt in den Steendiek, rechts in die Schloostraße, rechts in den Butendeichsweg | **Tipp** Der Signalturm (28 Meter) auf der Landzunge gegenüber gehört zum Lotsenhaus Seemannshöft. Er markiert die Einfahrt in den Hamburger Hafen.

FINKENWERDER

40_ Der Shipspotter-Treff
Paparazzi auf der Jagd nach dem besten Schuss

Wenn Hamburg Hafengeburtstag feiert, sind die Tage zuvor für Shipspotter ein Muss. Mit riesigen Teleobjektiven ausgerüstet liegen sie auf der Lauer in der Hoffnung auf das beste Bild. Jeder hat seine Vorliebe für eine besondere Perspektive, eine spannende Kulisse. Das Theater des Musicals »König der Löwen« gilt als ein guter Platz. Die Dachterrasse des Docklands. Der Altonaer Balkon am Rathaus. Ein feiner Standort und nicht überlaufen ist der rote Aussichtsturm am westlichsten Zipfel des Rüschparks. Man hat gleichzeitig Einblick ins Airbus-Werksgelände.

Shipspotter sind die Geschwister der Trainspotter, die nach Fahrplan Züge knipsen. Planespottern geht es um Flugzeuge. Birdspotter sitzen auf seltene Vögel an. Früher hat mancher Bierdeckel gesammelt. Der Spotter ist scharf auf digitale Bilder, hat oft Hunderttausende im Archiv. Für die meisten ist das Fotografieren Hobby. Wenige haben das Vergnügen zum Beruf ausbauen können. Sie verkaufen ihre Fotos. Shipspotter haben Reedereien als Kunden. Oder Medien, wenn nach einer Piratenattacke ein aktuelles Bild des entführten Schiffes benötigt wird.

Die Schiffe-Paparazzi auf der Wendeltreppen-Plattform in Finkenwerder haben auf dem Smartphone Internet-Tracking-Dienste installiert, welche die Position von Schiffen anzeigen. Das ist hier besonders hilfreich, weil man nicht weit elbabwärts schauen kann, die Hamburg anlaufenden Schiffe kommen unvermittelt hinter der Insel Neßsand hervor. »Der nächste Großsegler ist im Anmarsch!« Da kommt die Atlantis, ein Dreimaster, Baujahr 1905. Bald darauf die Kruzenshtern von 1926. Später die Sedov, 100 Jahre alt. Früher hat die 118 Meter lange Viermastbark für deutsche Reeder Salpeter aus Chile und Weizen aus Australien geholt. Als Reparationszahlung ging sie an Russland, ist heute Segelschulschiff. Wenn dazwischen der 400-Meter-Containerriese Ever Genius auftaucht, ist das ein Fall für Pott-Paparazzi.

Adresse Ende des Rüschwegs, 21129 Hamburg-Finkenwerder | **Anfahrt** von der A7 (Ausfahrt Hamburg-Waltershof) Richtung Finkenwerder/Cranz, rechts auf den Aue-Hauptdeich, halb links in die Ostfrieslandstraße, im Kreisel 3. Ausfahrt, vom Neßdeich rechts in den Rüschweg | **Tipp** Im Rüschpark ragen Terrassen in die Elbe. Man kann bis zur Elphi schauen.

GRÜNENDEICH

41 Der Drei-Türme-Blick
Einmal umdrehen, dann sind es fünf

Leuchttürme sind maritime Wahrzeichen. Sie erzählen von der Geschichte der Seefahrt, der Ingenieurskunst und der Navigation. Vereinfacht lassen sich Leuchttürme in Leitfeuer und Richtfeuer unterscheiden. Leitfeuer markieren durch verschiedenfarbige Lichter sichere und unsichere Gewässer. Zu einem Richtfeuer gehören zwei Leuchttürme, ein Unterfeuer und ein Oberfeuer. Zusammen kennzeichnen sie die Fahrrinne im tiefen Wasser. Sieht der Kapitän die beiden Leuchtsignale nicht in einer senkrechten Linie mit seinem Schiff, muss er den Kurs korrigieren. Von Hamburg, wo der 700 Jahre alte Koloss Neuwerk den Anfang macht, bis zur Nordsee stehen knapp 60 Leuchtfeuer am Ufer der Elbe. Etliche davon im Alten Land.

Einen einzigartigen Blick auf gleich drei Leuchttürme hat man vom Lüheanleger aus (siehe Ort 45). Für die bestmögliche Fotoperspektive geht man vor bis zum Ponton, jetzt nach rechts bis zum Geländer. Von hier sitzt der Schuss. Links auf Höhe des Elbkilometers 645 das neue Unterfeuer Somfletherwisch, Anfang dieses Jahrhunderts gebaut, 22 Meter hoch, mit umlaufender Balkongalerie und schwarzem Kegeldach. Ganz rechts das dazu passende Oberfeuer, einen Kilometer entfernt und weit über hundert Jahre alt. Der markante sechseckige Stahlgitterturm ist ein Klassiker und Vorbild für andere Leuchttürme. Eine Wendeltreppe schraubt sich auf 32 Meter Höhe, insgesamt ist der Turm 35 Meter hoch. Der kleine Turm aus verputztem Mauerwerk in der Mitte ist das Baudenkmal Unterfeuer Mielstack (siehe Ort 15), es ist abgeschaltet. Ein Leuchtturm-Liebhaber aus Süddeutschland hat es gekauft und aufwendig restauriert.

Noch ein vierter Leuchtturm ist zu sehen, aber dafür brauchen wir einen Panoramaschwenk nach rechts. Dort steht auf dem Deich das Unterfeuer Lühe mit Galerie. Im Hintergrund sein Partner, das Oberfeuer Grünendeich (siehe Ort 46). Anderthalb Kilometer liegen dazwischen.

Adresse Einmündung Fährstraße/Elbdeich, 21720 Grünendeich | **Anfahrt** von der A7 (Ausfahrt Hamburg-Waltershof) Richtung Finkenwerder/Cranz und Jork/Stade, nach dem Lühesperrwerk an der Ampel rechts | **Tipp** Der Vier-Masten-Blick in der entgegengesetzten Richtung: Die Strommasten sind mit 227 Metern die höchsten Europas. Die Kabel hängen tief durch, erlauben Schiffen aber eine Durchfahrtshöhe von 75 Metern.

42 Die Galerie Glas & Meer
Wellentänzer auf dem tiefen Ozean

Früher haben hier Dosen mit Haarspray gestanden, mit Schaumfestiger, mit Gel und Tönung. Was soll sich ein Friseur sonst ins Schaufenster stellen? Jetzt schlängeln sich blaue Mondtänzer auf einer tiefroten Sichel. Ein Liebespaar spielt Flöte und Schalmei. Silhouetten von Menschen in unterschiedlichen Farben sitzen alle in einem Boot. Einer ist leuchtend grün. Das Schaufenster ist nun Showfenster von Gundula Menking. Wo vorher Spiegel an den Wänden hingen und Trockenhauben von der Decke, ist heute ihre Galerie. Das ganze Haus ist Atelier. In einem Raum stapeln sich Kisten mit bizarren Treibguthölzern, die sie an den Stränden von Indien oder Peru aufgelesen hat. Oder in Venedig. Im nächsten bewahrt sie Rostiges auf. Schwungräder von alten Nähmaschinen. Badewannenfüße. Verrottete Ketten. »Kriegsschutt«, wie Gundula Menking das nennt. Sie findet ihn am Elbufer. Ein Zimmer weiter steht der Schmelzofen. Hier bringt sie Glas zum Kochen. Narrative Figuren entstehen. Mit dem Holz und dem Schrott wird daraus eine Komposition.

Blau und Türkis, die Töne des tiefen Ozeans, sind die Lieblingsfarben der Glaskünstlerin. Auf einem Leuchttisch fertigt sie ihre Entwürfe mit dem Rohmaterial, das im Ofen verschmilzt. Malerische Techniken kommen dazu. Wellenreiter und Wellentänzer entwickeln sich in vielen Arbeitsschritten. Schiffe mit gehissten Segeln. Fabelwesen aus den Meeren. Abhängig vom Lichteinfall verändern die Objekte ihre Farben.

Heute wird Gundula Menking zu internationalen Ausstellungen eingeladen. Tief beeindruckt ist sie noch immer von ihren Lehrmeistern in einer Glasbläserei. »Nie werde ich die Faszination vergessen am 1.400 Grad heißen Ofen: Die Spitze der langen Stange, den Kölbl, in die rot glühende Masse tauchen, herausnehmen, schnell drehen, wie Honig läuft die Masse die Stange entlang.« Mittags haben sie über der glühenden Glasmasse Würstchen gegrillt.

Adresse Lühedeich 21, 21720 Grünendeich, Tel. 0172/3658194 | **Anfahrt** von der A7 (Ausfahrt Hamburg-Waltershof) Richtung Finkenwerder/Cranz und Jork/Stade, am Ende der Straße Mojenhörn links in die Straßen Huttfleth und Obstmarschenweg, scharf links in die Kurze Straße (fürs Navi: Kurze Straße 1) | **Öffnungszeiten** einfach klingeln und auf Anfrage | **Tipp** Die Galerie steht auf dem Deich der Lühe, die hier eine kompromisslose Biegung macht. Ein paar Schritte nach Norden, schon geht's nach Süden.

43 Der Hessbögel
Wo die Lühe die Biege macht

Das Tideflüsschen Lühe, das bei Horneburg aus dem Zusammenfluss der Gewässer Aue und Landwettern entsteht, trennt die Erste und die Zweite Meile des Alten Landes (siehe Ort 106). Die Lühe ist nicht länger als 12,7 Kilometer. Aber anstatt sich auf dem letzten Stück ihrer Strecke schnurstracks den Weg in die Elbe zu suchen, tut sie so, als wolle sie sich das lieber noch mal überlegen. Es wären nur noch ein paar hundert Meter, aber die Lühe macht plötzlich die Biege. Dreht nach Osten und dann sogar nach Südosten ab. Jetzt wieder nach Westen und nun Richtung Norden, wo sie sich bei Elbekilometer 645 in den großen Strom ergießt. Die Lühe macht so einen Riesenumweg, der ein gutes Zehntel ihrer gesamten Länge ausmacht. Der Fluss bildet einen mangoförmigen Bogen, die Mango wird Hessbögel genannt. Man kann den niederdeutschen Namen mit Kniebeuge übersetzen.

Der Lühedeich folgt der großen Schleife. Am besten steigt man auf den Damm, wo die Brücke am Minneweg die Lühe quert. Man läuft über Gras, der Weg mäandert. Mal führt er dicht vor den Häusern vorbei, die auf der Deichkrone gebaut sind. Mal mit Abstand hinter den Häusern entlang, wenn sie innerdeichs am Deichfuß stehen. Das gewährt Einblicke in gepflegte Gartenlandschaften. Eine Dichterin hat ihre Verse auf Bettlaken gepinselt und diese zwischen Obstbäumen gespannt. Unten auf der Lühe sind an Stegen Segelboote und Motoryachten vertäut. Abhängig von Ebbe und Flut steigen sie ab oder auf. Wenn der Deich eine Rechtsbiegung macht, ist bald der Sofa-Stubbe erreicht (siehe Ort 14).

Ursprünglich soll die Lühe tatsächlich geradewegs auf die Elbe zugeflossen sein. Sturmfluten mit einströmenden Wassermassen haben das Flussbett verändert. Die große Schleife, den Hessbögel, hat im Winter 1736/37 die zweite Katharinenflut geformt. Das Westufer der Lühe gehört zur Gemeinde Grünendeich, Ostufer und Deich sind Teile von Borstel.

Adresse Ecke Höhen/Minneweg, 21720 Grünendeich | **Anfahrt** von der A7 (Ausfahrt Hamburg-Waltershof) Richtung Finkenwerder/Cranz und Jork/Stade, vor dem Lühesperrwerk scharf links in die Straßen Lühe und Höhen | **Tipp** Weißer Blütenzauber im Frühjahr, im Spätsommer leuchtend rote Äpfel – die Mango ist eine Plantage. Weil sie rundum von Wasser umgeben ist, ist es hier besonders mild. Der Hessbögel-Hof liegt auf einer Warft. Die Eiche vorm Haus ist über 200 Jahre alt (Lühedeich 1).

44 Der Leichtmatrose
Höhenflug vor der Seefahrtsschule

Warum Gastronom Charles Schumann, Münchner Barkeeper-Legende, einer seiner Punsch-Kreationen den Namen »Leichtmatrose« verpasst hat, bleibt unergründlich. Schließlich hat es der Cocktail ganz schön in sich. Man nehme: 1 Barschaufel gestoßenes Eis, den Saft einer halben Limette, 2 cl Rose's Lime Juice, 1 cl Zuckersirup, 2 cl weißen Rum, 3 cl braunen Rum. Im Shaker kräftig schütteln. »In ein Old-Fashioned-Glas gießen, mit gestoßenem Eis auffüllen, ausgepresstes Limettenviertel dazugeben«, wird empfohlen. Sonst wird die Bezeichnung Leichtmatrose vor allem im politischen Diskurs verwendet, um Kontrahenten zu diskreditieren und ihnen Dilettantismus vorzuwerfen. So hat ein SPD-Generalsekretär einem CSU-Bundeswirtschaftsminister und Koalitionspartner einmal vorgeworfen: »Er benimmt sich wie ein Leichtmatrose, der sich auf das Sonnendeck verirrt hat: Er legt sich auf den Liegestuhl, träumt und vergisst die Arbeit, die er eigentlich zu leisten hat.« Leichtmatrosen hießen früher die Seeleute der Handelsmarine im zweiten Ausbildungsjahr. Ein Rang zwischen Schiffsjunge und Vollmatrose.

Der Leichtmatrose, der vor dem »Haus der maritimen Landschaft Unterelbe« von einem Luftballon in die Höhe gezogen wird, ist die Visitenkarte eines Info-Zentrums. Unter dem umständlichen Namen haben sich zwei Dutzend Kommunen von Hamburg bis zur Elbmündung zusammengetan, um die Kulturlandschaft der Region und den Tourismus zu unterstützen. Man kann ein Modell der Unterelbe von Hamburg bis Cuxhaven und Friedrichskoog durchlaufen. Das Flachdach ist Aussichtspunkt. Auf der Kapitänsbrücke erklären frühere Schiffskommandanten Sextanten.

Das Gebäude war Königliche Navigationsschule, später die Altländer Seefahrtsschule. Im Jahr 2002 erhielten die letzten drei Schüler ihr Patent als nautische Wachoffiziere. Für den nächsten Lehrgang hatte sich nur ein Bewerber interessiert.

Adresse Kirchenstieg 30/Ecke Elbdeich, 21720 Grünendeich, Tel. 04142/889410 | **Anfahrt** von der A7 (Ausfahrt Hamburg-Waltershof) Richtung Finkenwerder/Cranz und Jork/Stade, links in den Kirchenstieg, Parkplatz vorm Haus | **Öffnungszeiten** April–Okt. Fr–Mo und Feiertage 10–15 Uhr, Kapitänsführungen So 11 und 14 Uhr | **Tipp** Der Deich auf der anderen Straßenseite ist aus Hamburger Kriegstrümmern gebaut. Davor sind Obstplantagen angelegt.

GRÜNENDEICH

45 — Der Lüheanleger
Vorsicht an der Molenkante!

Verkehrsrowdys gibt es auch auf Wasserstraßen. Seit Anfang 2019 gilt deshalb auf der Elbe ein Tempolimit. Schiffe ab einer Länge von 90 Metern dürfen auf dem Flussabschnitt vom Hamburger Hafen bis auf Höhe der Elbinsel Hanskalbsand nur noch zehn Knoten schnell fahren, das sind 18,5 Kilometer je Stunde. Bis Glückstadt darf der Kapitän zwei Knoten zulegen, zwischen Glückstadt und Brunsbüttel weitere zwei. Ab hier bis Cuxhaven sind 15 Knoten erlaubt, knapp 28 Stundenkilometer. Das Bundesverwaltungsgericht hatte die Tempodrosselung zur Bedingung für die Erlaubnis der Elbvertiefung und der breiteren Fahrrinne gemacht. Schäden am Ufer, die durch den Sog und die Wellen schnell fahrender Schiffe entstehen können, sollen so vermieden werden.

Vielleicht wäre das Unglück am Lüheanleger nie passiert, wenn es ein Geschwindigkeitsgebot schon 2001 gegeben hätte. Die Anlegestelle, von der aus die Fähre Dat Ole Land II zur Schiffsbegrüßungsanlage Willkomm-Höft auf der nördlichen Elbseite startet, ist Publikumsmagnet für Schiffegucker. Hier ist die Fahrrinne recht nah, die dicken Pötte sind besonders gut zu sehen. Auch an jenem Novembersonntag sind trotz trüben Wetters Dutzende Schaulustige dort, als der Containerfrachter Nedlloyd Vespucci Richtung Hafen vorbeirauscht. Das Schiff ist 280 Meter lang, hat zwölf Meter Tiefgang. Der Schwell seiner Heckwelle ist meterhoch. Sie überspült den Anleger und den Parkplatz. Eine Großmutter und ihr Enkel versuchen noch, sich an einen Mast zu klammern, werden aber in die Elbe gespült. Zwei Imbiss-Mitarbeiter werden verletzt, einer stirbt später im Krankenhaus. Die Welle schiebt 25 Autos und Motorräder zusammen und beschädigt sie.

Dänische Hotdogs. Flammkuchen. Fischbrötchen. Der Lüheanleger ist gleichzeitig Kiosk-Dorf. Biker lieben L.A., so nennen sie den Treffpunkt wegen seiner Anfangsbuchstaben in Anlehnung an Los Angeles.

Adresse Einmündung Fährstraße/Elbdeich, 21720 Grünendeich | **Anfahrt** von der A7 (Ausfahrt Hamburg-Waltershof) Richtung Finkenwerder/Cranz und Jork/Stade, nach dem Lühesperrwerk an der Ampel rechts | **Fährzeiten** unter www.luehe-schulau-faehre.de | **Tipp** Geburtstagsgeschenk zum 50. des Hausherrn: die Altländer Prunkpforte von 1939 (Lühe 36, links vor dem Sperrwerk).

GRÜNENDEICH

46 — Das Oberfeuer
Backbords oder steuerbords?

Im Roman »Arnes Nachlaß« von Siegfried Lenz bekommt der zwölfjährige Arne, der als Einziger seiner Familie den erweiterten Selbstmord des leiblichen Vaters überlebt hat, vom Pflegevater als Willkommensgeschenk einen kleinen Leuchtturm. Als Symbol für einen festen Halt. Leuchttürme sind in der Literatur eine gerne strapazierte Metapher. Der französische Schriftsteller Jean-Pierre Abraham beschreibt in seiner Ich-Erzählung »Der Leuchtturm« das Leben an einem solchen Ort als existenziellen Kampf. Das Buch ist ein Tagebuch der Angst. Der Turm muss nicht nur bewohnt, er muss gegen die Gewalten der Natur verteidigt werden. Heute gibt es keine Leuchtturmwärter mehr. Steuermänner nutzen digitale Navigationshilfen. Trotzdem sind Leuchttürme unverzichtbar. Wenn GPS oder Stromversorgung an Bord ausfallen, helfen die Türme. Die Lichtsignale sind ferngesteuert.

Richtfeuer kennzeichnen das sichere Fahrwasser. Eine Richtfeuerlinie wird von zwei Lichtquellen auf einem hohen Leuchtturm, dem Oberfeuer, und auf einem deutlich niedrigeren Leuchtturm, dem Unterfeuer, markiert. Vom Schiff in der Fahrrinne aus betrachtet stehen beide Lichter übereinander. Sieht der Kapitän aber das Unterfeuer links vom Oberfeuer, muss er nach Backbord steuern, nach links. Steht das Unterfeuer rechts vom Oberfeuer, muss er steuerbords halten, nach rechts. Das neue Unterfeuer Lühe, das am Lüheanleger steht (siehe Ort 45), bildet zusammen mit dem Oberfeuer Grünendeich die längste Richtfeuerlinie an der Elbe.

Der Klinkersockel der sechseckigen Stahlgitterkonstruktion drängt sich zwischen zwei Einfamilienhäuser. 39 Meter sind es bis zur Spitze. Eine Wendeltreppe im engen Treppenrohr führt zum Laternenhaus. 21 Seemeilen weit leuchtet das Licht. Seit 1900 ist der Turm in Betrieb, bis 1953 war Johann Oldhaber der Leuchtturmwärter. Dann übernahm die Tochter. Längst ist das Feuer automatisiert. Wer nach oben will, muss 168 Stufen hinaufsteigen.

Adresse Kirchenstieg, zwischen den Häusern Nummer 19 und 21, 21720 Grünendeich | **Anfahrt** von der A7 (Ausfahrt Hamburg-Waltershof) Richtung Finkenwerder/Cranz und Jork/Stade, von der Straße Elbdeich links in den Kirchenstieg | **Tipp** Das alte Unterfeuer Lühe war ein weißer, viereckiger Steinturm hinterm Deich. Er ist heute Wohnhaus (siehe Ort 47).

47 Das Sassensiel-Brack
Eine Flutwalze hat es ausgespült

Ein Brack bezeichnet ein tiefes, meist kreisförmiges Loch. Es entsteht, wenn bei einem Deichbruch das stürzende Wasser mit hoher Kraft den Boden abträgt. Die Wasserwalze gräbt sich ins Erdreich, spült es weit ins Hinterland. Trichter- oder kesselförmige Vertiefungen bleiben zurück. Oft hat man sie später zugeschüttet. Wenige, die zu groß waren, sind als Teiche oder kleine Seen erhalten.

Das Sassensiel-Brack liegt im Ostteil von Grünendeich, »Im Saschen« oder »Im Sassen« wird er genannt. Ganz in der Nähe war ein Siel, ein verschließbarer Gewässerdurchlass im Deich, der zum Schutz vor Hochwasser und bei Niedrigwasser zur Entwässerung des Binnenlandes dient. 17 Meter tief war das Sassensiel-Brack. Auch diese Grube hat man verfüllt, sie ist aber immer wieder nachgesackt. Heute ist noch ein Tümpel auszumachen. Man sieht ihn, wenn man auf den alten Lühedeich steigt. Er liegt im Garten des Fachwerkhauses von Ole Feindt, die Wasserfläche ist dicht von Schilf umrundet.

Die Februarflut von 1825, die zwei Tage anhielt und als eine der schwersten Fluten der vergangenen Jahrhunderte gilt, hat das Brack ausgespült. Damals kommt mit einer Kaltfront Sturm von Nordwesten. Schwere Gewitter, Hagel und Orkanböen sind dabei. Außerdem ist Vollmond. Die Sturmspitze fällt mit der lunaren Springflut zusammen. Über zwei Tiden hält die Sturmflut an, 800 Menschen ertrinken. Der Deich im Saschen, schon aufgeweicht vom Dauerregen, reißt auf 43 Metern bis auf den Grund. Viele Häuser werden schwer beschädigt, Scheunen weggespült, Jollen durch die Deiche in die Obsthöfe getrieben. 22 Stück Vieh ersaufen.

Hinter dem Fachwerkhaus steht ein alter Leuchtturm, das ehemalige Unterfeuer Lühe, heute wird es als Wohnhaus genutzt. Die Laterne hat man abgebaut, bis 1970 hat sie geleuchtet. Der letzte Leuchtturmwärter war Heinrich Hoops, er hielt auch Schweine, ging gern fischen. Der Turm ist baugleich mit dem Unterfeuer Mielstack (siehe Ort 15).

Adresse Fährstraße 2, 21720 Grünendeich | **Anfahrt** von der A7 (Ausfahrt Hamburg-Waltershof) Richtung Finkenwerder/Cranz und Jork/Stade, gleich nach dem Lühesperrwerk links in die Fährstraße, nach 200 Metern auf der rechten Seite hinterm Deich | **Tipp** Vom Parkplatz auf der anderen Straßenseite kommt man direkt ans Ufer der Lühe.

GRÜNENDEICH

48 — Die Schifferkirche
Wer sitzen wollte, musste zahlen

Halstenfleth? Ist ausradiert. Bardesfleth mit seiner Kapelle? Auch nicht mehr zu finden. Nach zwei schweren Sturmfluten im 14. und 15. Jahrhundert gründeten die Menschen im Mündungsgebiet der Lühe in die Elbe eine neue Siedlung, nannten sie Grünendeich und bauten sich eine Kirche. Mächtige Granitquader, die man vor Jahren dort fand, deuten auf einen massiven Bau hin. Das Leben schien wieder friedlich – bis zum 1. November 1570. Die Allerheiligenflut verschlang einen breiten Streifen Marschland. Von 20.000 Toten wird berichtet. Auch die Grünendeicher Kirche versank.

Die Schwedin Margareta Peders Dotte Skuthe aus Lenköping spendierte den Grund für eine neue Kirche, das heutige Gotteshaus Sankt Marien. Sie bezahlte auch das Baumaterial. Die Edelfrau lebte auf dem damaligen Rittergut Adlersburg am heutigen Steinweg. Als Baujahr der Kirche wird das Jahr 1608 genannt. Man betritt den Fachwerkbau durch das alte Brauthaus. Brautleute wechselten hier vor dem Pfarrer die Ringe und mussten die Zehn Gebote aufsagen und erklären können, bevor es vor den Altar ging. Wann die ersten Kirchenbänke gezimmert wurden, weiß man nicht. Die Sitzordnung war aber 1770 klar geregelt: An der Südseite des Kirchenschiffs stand am Altar der Stuhl für die Familie des Pastors mit einer hohen Tür und Gitterwerk. Dahinter vier Bankreihen für Frauen, elf für Männer, wieder zwei für die Frauen. Und dann noch einmal zwei Mannsbänke. An der Nordseite waren elf Reihen für Männer und 15 für Frauen reserviert. Die Sitzbänke mussten die Familien kaufen, sie hatten Türen, die verschlossen werden konnten.

Sankt Marien wird auch Schifferkirche genannt. In Grünendeich lebten viele einfache Seeleute, Kapitäne und Fischer. Das Votivschiff Hosianna unter der Decke, ein Plattbodenschiff, das in Grünendeich seinen Heimathafen hatte, haben Gemeindemitglieder zu ihrer Goldenen Hochzeit gestiftet.

Adresse Ecke Kirchenstieg/Huttfleth, 21720 Grünendeich | **Anfahrt** von der A7 (Ausfahrt Hamburg-Waltershof) Richtung Finkenwerder/Cranz und Jork/Stade, von der Straße Elbdeich links in den Kirchenstieg | **Öffnungszeiten** April–Okt. 10–17 Uhr | **Tipp** Der Spitzhelm des mit Schindeln gedeckten Holzturms hat einen kleinen Erker, in dem die Betglocke läutet. Die Wetterfahne ist auf das Jahr 1625 datiert.

GRÜNENDEICH

49 Die Schöne Fernsicht
»Inmitten der freundlichen Ortschaft gelegen«

Gastwirt Heinrich Blohm war ein Mann mit Manieren und gehobener Wortwahl. In Zeitungsanzeigen hat er vor über 90 Jahren die Kunden umworben. Vornehmlich das feine Hamburger Publikum, dass sich sonntags einen Ausflug mit dem Dampfschiff leisten konnte und am Lüheanleger anlandete. Mit dem Automobil sind damals nur wenige gekommen. Heinrich Blohm schrieb: »Mit Gegenwärtigem gestatte ich mir, Sie auf mein Etablissement Zur schönen Fernsicht als Ziel Ihrer Ausfahrt ergebenst aufmerksam zu machen. Es führt ein interessanter Fußweg über den Lühedeich nach meinem inmitten der freundlichen Ortschaft gelegenen Lokal. Großer schattiger Garten mit dichten Lauben sowie Schießstand sind vorhanden. Ein Aussichtsturm bietet einen prächtigen Ausblick über das Alte Land und die Elbe. Hochachtungsvoll.«

Schön kann man das Lokal Zur Schönen Fernsicht nicht nennen. Aber außergewöhnlich. Den dreigeschossigen Klinkerklotz hat man 1890 gebaut. Auf dem Flachdach thront ein Türmchen, die Aussicht ist wirklich spektakulär. Ein Wintergarten in Holzbauweise ist vorgesetzt. Im Saal und in den Clubräumen werden kleine und große Dorffeste gefeiert, der Kirchenchor oder die Feuerwehr tagen, anderntags wird der Leichenschmaus serviert. Im Kaffeegarten steht eine Prunkpforte mit Sinnspruch: »Stoh fast, kieck wied und rög di« (Steh fest, guck weit und beweg dich).

Die Traditionsgaststätte ist ein Sorgenkind. Immer wieder stand sie leer, sogar ein Supermarkt wollte einziehen. Vor 40 Jahren hat die Gemeinde das Gebäude gekauft und mit einer Million Steuergeldern restauriert, um es auch als Dorfgemeinschaftsanlage zu erhalten. Wo soll man sonst hin? Aber immer häufiger haben Pächter aufgegeben. Zuletzt hat man einen renommierten »Partiservice« ins Boot geholt, der Event-Essen wie »Schnitzel-Büffet« oder »Altländer Grützwurstessen« anbietet. Die Gemeinde favorisierte einen Verkauf des Nostalgielokals.

Adresse Obstmarschenweg 4, 21720 Grünendeich, Tel. 04142/2562 | **Anfahrt** von der A7 (Ausfahrt Hamburg-Waltershof) Richtung Finkenwerder/Cranz und Jork/Stade, am Ende der Straße Mojenhörn links in die Straße Huttfleth und den Obstmarschenweg | **Öffnungszeiten** Termine der Schlemmeressen unter www.partiservice.de | **Tipp** Links hinter der Schönen Fernsicht stand die Adlersburg, nicht wirklich eine Burg, sondern eine Hofanlage mit drei Zugbrücken. Die schicke weiße Villa am selben Platz wird immer noch Adlersburg genannt.

GRÜNENDEICH

50 Die Sietas-Werft
Alle mal anpacken!

Wenn der Schiffszimmermann Diederich Sietas eine Jolle an Land ziehen wollte auf seine Werft an einer Biegung der Lühe, war er auf Hilfe angewiesen. Er hatte die Holzbalken, auf denen der Rumpf gleiten konnte, mit grüner Seife dick beschmiert, aber eine Motorwinde gab es nicht. Diederich Sietas ist dann zur Schlachterei hinterm Deich gegangen, wo kräftige Gesellen arbeiteten. Für einen kleinen Extralohn, einige Biere und einen Schnaps haben sie das Schiff ins Trockene geholt.

Der Schiffshistoriker Vicco Meyer datiert den Start der Sietas-Werft auf das Jahr 1800. Vorher ist Johann Jacob Dochtermann der Besitzer. Er stirbt jung, die Witwe sucht einen Schiffszimmerer, der den Betrieb weiterführt. Jacob-Hinrich Sietas stellt sich vor, der Vater von Diederich. Er kommt aus der Schiffsbauerdynastie Sietas an der Este. Erst bringt er nur eine Werkzeugkiste mit, dann seine Möbel. Er findet Gefallen an der Werft und an der Witwe, heiratet diese und wird Firmenchef. Mitte des 19. Jahrhunderts ist das kleine Unternehmen spezialisiert auf den Bau der Lühejollen. Diese Holzschiffe sind wendig, dem schmalen Fluss angepasst. Nur 13 Meter lang, aber seetüchtige Lastensegler. Sie bringen Obst nach Hamburg, aber auch bis Sankt Petersburg und über die Nordsee nach Schottland. Über alle Generationen betreiben die Frauen unten im Wohnhaus einen Ausschank. Bis vor wenigen Jahren erinnerte das Schild »Bierlokal Jacob Sietas« daran. Helmut Sietas war der letzte Schiffsbauer auf der Werft. Freizeitkapitäne nutzen das Gelände als Winterquartier.

Mehr als 150 Lühejollen schipperten durchs Alte Land, 60 wurden bei Sietas gebaut. Auch die einzige, die noch erhalten ist. Als »Der junge Johann« lief sie 1884 vom Stapel, war später unter dem Namen »Nixe« Krabbenkutter vor Büsum. Zuletzt verrottete sie an Land. Förderer haben sie restauriert. Sie ist im Handwerksmuseum in Horneburg zu sehen.

Adresse Lühedeich 19, 21720 Grünendeich | **Anfahrt** von der A7 (Ausfahrt Hamburg-Waltershof) Richtung Finkenwerder/Cranz und Jork/Stade, am Ende der Straße Mojenhörn links in die Straßen Huttfleth und Obstmarschenweg, scharf links in die Kurze Straße (fürs Navi: Kurze Straße 1) | **Öffnungszeiten** Handwerksmuseum Horneburg, Marschdamm 2c, Di–Do 9–12 Uhr, jeder 1. und 3. So im Monat 15–17 Uhr | **Tipp** Die Sietas-Werft beim Estesperrwerk war mit 1.800 Mitarbeitern größter industrieller Arbeitgeber im Alten Land. Nach einer Insolvenz hat sie russische Eigner, heißt Pella Sietas. Die Werft ist spezialisiert auf Bauteile für Kreuzfahrtschiffe und Eisbrecher (21129 Hamburg-Neuenfelde, Neuenfelder Fährdeich 88).

GRÜNENDEICH

51 Die sprechende Kiste
Lesung im Altländer Strandkorb

Große Apfelkisten stapeln sich auf den Obsthöfen zu hohen Türmen. Minitraktoren schleppen sie zur Erntezeit in langen Wagenkolonnen durch die Baumreihen und über die Straßen, was Autofahrern Geduld abverlangt. In solch eine Kiste geht ganz schön was rein. 120 mal 100 mal 77 Zentimeter, das sind die Maße. 330 Kilo oder 2.000 Äpfel haben Platz. Aber auch zwei Menschen können es sich gemütlich machen. Es fühlt sich an wie im Strandkorb.

Acht dieser Erntekisten sind sprechende Kisten. Obstbauer Ralph Budde hat seine Kiste hinterm Haus freundlich mit Sitzkissen gepolstert. Bitte Platz nehmen! Die Aussicht ist eingeschränkt. Man sieht auf die Grasnarbe des Lühedeichs, genau genommen seine Deichschulter. Das ist die dem Wasser abgewandte Seite. Die fehlende Fernsicht ist hier von Vorteil. Es fördert die Konzentration. Per Knopfdruck lassen sich Audiodateien abrufen. Die Kiste erzählt, wie die charakteristischen Hufendörfer entstanden sind. Die holländischen Siedler, die die nassen Marschen für die Landwirtschaft brauchbar gemacht hatten und nun die Äcker unter sich aufteilen wollten, wählten eine sehr spezielle Art der Parzellierung. Sie teilten das Land in 2,25 Kilometer lange, aber nur 150 Meter breite »Marschhufen« auf. Der Hof liegt an der Straße, dahinter erstrecken sich die endlos langen Hufen. So groß wie 47 Fußballfelder.

Den Holländern verdankt das Alte Land auch seinen Namen. Jahrhunderte hat es gedauert, es von West nach Ost urbar zu machen. Land, das bereits bearbeitet war, war das »alte Land«. Wo noch eingedeicht werden musste, war »neues Land«. Als alles getan war, war das gesamte Gebiet das Alte Land.

Die sprechenden Kisten sind über die Region verteilt. Sie möchten ein Gedicht hören? »Wo an de Elw de ganze Gegend lacht, wo Gorns un Hüüs so strohlt in Märchenpracht, wo't Land mit Obstbööm öberall beplannt, dor is mien Heimat, dor is dat Ole Land.«

Adresse Kurze Straße 5, 21720 Grünendeich | **Anfahrt** von der A7 (Ausfahrt Hamburg-Waltershof) Richtung Finkenwerder/Cranz und Jork/Stade, am Ende der Straße Mojenhörn links in die Straßen Huttfleth und Obstmarschenweg, scharf links in die Kurze Straße | **Öffnungszeiten** in der warmen Jahreszeit | **Tipp** Solch ein hölzerner Strandkorb wäre auch schön für daheim? Etliche Obsthöfe verkaufen kleine und große Kisten. Garantiert mit Apfel-Patina.

GRÜNENDEICH

52 — Der Wellenreiter
Auf dem Wasser tanzen

Wenn vormittags und abends der Halunder Jet vorbeisaust, getrieben vom Wasserstrahl der vier Rolls-Royce-Propeller und mit der Kraft von über 12.000 PS, dann zischt und braust es. Der Hochgeschwindigkeitskatamaran, der Hamburg, Wedel und Cuxhaven täglich mit Deutschlands einziger Hochseeinsel Helgoland verbindet, schafft bei Volllast 35 Knoten. Das sind 65 Stundenkilometer. Auf dem Wasser! Oder über dem Wasser? Der Halunder Jet scheint fast zu fliegen. Dabei bauen die Strahltriebwerke eine gewaltige Welle auf. Der Schwimmponton des Lüheanlegers, von zwei Dalben gehalten, beginnt jetzt auf dem Wasser zu hüpfen. Da hat sich schon mancher auf den Po gesetzt.

Wer das Gefühl von Seegang bekommen möchte, für den ist der Ponton der richtige Ort. Und der Imbiss Wellenreiter darauf ist für Sehleute der ideale Platz. Keine 100 Meter ist die Fahrrinne der Elbe entfernt. Schaukeln in der ersten Reihe! Hier ist man den Containerriesen und den Kreuzfahrtschiffen besonders nah. Die Menschen hocken auf Holzbänken an Holztischen unter roten Schirmen und genießen den Moment der Entspannung. Kommt ein imposanter Kahn, gehen die Handys in die Höhe. Kenner berechnen mit ihrer Schiffe-App auf dem Smartphone voraus, wann der nächste Wellentanz zu erwarten ist. Dann besser das Getränk festhalten und den Hotdog nicht gerade jetzt in den Mund schieben. Kommt kein Schiff, hat man einen Blick auf das Naturschutzgebiet der Haseldorfer Binnenelbe gegenüber und bis weit zu den Entladekränen im Hamburger Hafen.

Der Ponton ist der Anleger für die Fähre Dat Ole Land II, die in 25 Minuten zum Willkomm-Höft am Schulauer Fährhaus in Wedel auf der anderen Elbseite übersetzt. Viele, die in Hamburg arbeiten, nutzen diese Verbindung. Radfahrer kommen für eine Tour durchs Alte Land. Klettertour inklusive, bei Niedrigwasser jedenfalls. Dann ist der Steg vom Ponton zum Ufer extrem steil.

Adresse Ponton Lüheanleger, 21720 Grünendeich, Tel. 0176/63888922 | **Anfahrt** von der A7 (Ausfahrt Hamburg-Waltershof) Richtung Finkenwerder/Cranz und Jork/Stade, nach dem Lühesperrwerk an der Ampel rechts | **Öffnungszeiten** 15. März–15. Okt. Mo–So 11–19 Uhr, bei Sonnenschein länger, 2. Weihnachtstag und Jan.–14. März So 11 Uhr bis es dunkel wird | **Tipp** Ein Hit ist die Pommesmaschine. Die Kartoffelstäbchen werden unter Licht gegart, haben so nur acht Prozent Fett. Da kann man sich Pommes Schranke leisten, mit Mayo und Ketchup!

53 Der Speicher
Ein Steuersparmodell

Es gibt verschiedene Theorien, woher das Guderhandviertel seinen Namen hat. Anders als in den Nachbardörfern Mittelnkirchen, Neuenkirchen und Steinkirchen habe es hier keinen Pfarrer und keine Kirche gegeben, man habe also der guten Hand Gottes vertrauen müssen. Das ist die eine Lesart. Die andere: Der Name bedeute »Verdeel der Gudemannen«, das Viertel der edlen, besseren Leute, die oft adelige Hofbesitzer waren. Der Ritter Marquard von Zesterfleth hat hier einem Kollegen die Burg Bergfried abgekauft. 500 Jahre ist sie der Sitz der Familie geblieben. Heute steht auf dem Grundstück ein Seniorenheim, umgeben vom alten Wassergraben. Über Jahrhunderte sollen im Viertel die Privilegierten zu Hause gewesen sein. Wer die Vielzahl der Höfe sieht, die groß und prächtig sind, mit üppiger Ornamentik, glaubt das sofort. Wer im Guderhandviertel wohnte, gehörte sozusagen zur Hautevolee des Alten Landes. Die Gegend war, was für Hamburg Blankenese oder für München Grünwald ist.

Auch damals haben die Vermögenden die Schlupflöcher des Abgabenrechts zu nutzen gewusst. Ein Fachwerkhäuschen an der Neßstraße hat ursprünglich mit der Traufe direkt an der Straße gestanden, man hat es zurückversetzt und den Giebel nach vorne gedreht. Die Inschrift im Querbalken besagt, dass das Gebäude 1587 errichtet worden ist. Es ist der älteste Profanbau im Alten Land. Immer ist man davon ausgegangen, das Haus habe als Speicher gedient. 1604 wird es als »Haus wie ein Speicher« bezeichnet, daher waren die Abgaben gering. Neuerdings sagen Archivare, es sei als Einraumwohnung angelegt. Man hat Rauchspuren im Gebälk gefunden, es muss also eine offene Feuerstelle gegeben haben. Offenbar ein frühes Altländer Steuersparmodell.

Vermutlich war es ein Altenteil-Haus und gehörte zum prunkvollen Hof daneben. Die im Muster weiß bemalten Riemchen und Ziegel machen dessen Fassade lebendig.

Adresse Neßstraße 50, 21720 Guderhandviertel | **Anfahrt** von der A7 (Ausfahrt Hamburg-Waltershof) Richtung Finkenwerder/Cranz und Jork/Stade, am Ende der Straße Mojenhörn links in die Straße Huttfleth, nach Steinkirchen, vom Alten Marktplatz vor der Brücke geradeaus in die Straße Bergfried, die Dollerner Straße überqueren, in die Neßstraße | **Tipp** Eine gut restaurierte Prunkpforte von 1844 steht vor dem Neßhof (Neßstraße 32). Auf dem Hof Bergfried 21 hat die Theater- und Filmschauspielerin Elisabeth Flickenschildt (1905–1977) gewohnt.

HARSEFELD

54 Die Friedrich-Huth-Büste
Ein Mäzen bedankt sich

Glück kann man haben. Die netten Bibliothekarinnen der Bücherei in Harsefeld blättern täglich darin. Sie pflegen einen Bestand von 25.000 Medien, was für einen Ort mit 13.000 Einwohnern ein beachtenswertes Angebot ist. Sie hüten zudem einen Schatz, den einer von hier der Gemeinde hinterlassen hat. Dies ist die Geschichte eines armen Jungen, der in die Welt zog, um sein Glück zu machen. Er wurde reich. Kam als großer Mäzen zurück, der nicht nur den Kirchturm und die Glocke gestiftet hat.

Johann Friedrich Andreas Huth (1777–1864) war der Sohn eines Flickschneiders, was kein einträgliches Geschäft war. In der Schule fällt Friedrich auf, weil er lernbegierig und besonders fleißig ist. Er soll seinem Lehrer schnell an Wissen überlegen gewesen sein. In den Archiven ist vermerkt, der Pauker sei »ein ehemaliger Grobschmied« gewesen. Auch ein Kirchenoberer bemerkt bei seinem Besuch den außergewöhnlichen Schüler. Er veranlasst, Friedrich zu fördern. Der wird Lehrling in einem Hamburger Kaufmannskontor, das ihn mit Geschäften in Spanien betraut. Von dort zieht Friedrich Huth nach London. Unter dem Firmendach Huth & Co gründet er eigene Handelsbanken. Sie sollen so erfolgreich wie damals die Rothschilds und Barings gewesen sein.

Im Rentenalter kommt Friedrich Huth erstmals zurück in sein Harsefeld. Er schenkt 1.750 Goldtaler zur Gründung einer Volksbibliothek, vor der heute seine Büste steht. Die ersten 1.000 Bücher können angeschafft werden »zur Hebung der Sittlichkeit, zur Erkenntnis der Pflichten eines Staatsbürgers, zur Verbreitung nützlicher Kenntnisse«. Titel wie »Du und Deine Seele«, »Die einträglichsten Gemüsepflanzen«, »Merkwürdige Begebenheiten aus dem Leben reisender Personen«. Viele der Bücher sind noch erhalten. Friedrich Huth richtet eine Stiftung ein für »verschämte Arme und Witwen« und die Förderung begabter Schüler. Eine solche hatte ihm selbst sein Leben erst möglich gemacht.

Adresse Am Amtshof 2, 21698 Harsefeld, Tel. 04164/6945 | **Anfahrt** von der B73 in Neukloster nach Hedendorf und immer geradeaus, in Harsefeld von der Marktstraße rechts in die Herrenstraße, rechts in die Straße Am Amtshof, kleiner Parkplatz | **Öffnungszeiten** Mo, Fr 15–18 Uhr, Di, Mi 10–13.30 und 15–18 Uhr, Do 10–13.30 und 15–19 Uhr, 1. Sa im Monat 10–13 Uhr | **Tipp** Offenbar auch ein Bücherwurm: der lesende Erzabt von Harsefeld auf halbem Weg zum Museum. Wie die Friedrich-Huth-Büste hat Carsten Eggers auch diese Statue modelliert.

HARSEFELD

55 Der Holzbohlenweg
Mit Mönchen über die Klostermeile

Ein politischer Mord steht am Anfang. Im April 1002 überfallen die Brüder Heinrich und Udo von Katlenburg mit Komplizen den Markgrafen Ekkehard von Meißen, spießen ihn mit einer Lanze auf, enthaupten ihn und schänden die Leiche. Der Markgraf hatte nach dem Tod des jungen deutschen Königs Otto III. Anspruch auf den Thron erhoben. Seine Mörder werden verschont, sie müssen aber als Sühne ihre Harsefelder Güter der Kirche überlassen. Ein Stift für Priester wird eingerichtet, das später ein mächtiges Benediktinerkloster wird, direkt dem Papst unterstellt. Der letzte Mönch ist 1690 ausgezogen.

Von der Abtei sind nur Fundamente und die Kirche Sankt Marien und Bartholomäi übrig geblieben. Aber die Ordensbrüder waren auch Landwirte und Gärtner. Sie haben einen großzügigen Park hinterlassen. Vom Parkplatz am Rellerbach geht es zunächst an einem Weiher vorbei. Dann in einen Erlenbruch. Knietief steht auch hier das Wasser, ein Holzbohlenweg führt darüber hinweg. Erlenbruchwälder benötigen dauerhaft hoch stehendes Grundwasser, sie dürfen nicht trockenfallen. Ein raffiniertes Belüftungssystem versorgt die Wurzeln mit Sauerstoff. Aus den Fruchtzapfen der Schwarzerle haben die Mönche Tinte gewonnen, mit der Rinde Leder geschwärzt. Geht man weiter, kommt man über die Klostermeile an der Rosenbornquelle vorbei zu den Klosterteichen. Hier haben sich die Ordensmänner in der Fastenzeit mit Karpfen versorgt und im Winter Eisblöcke gesägt, die in Eiskammern auch den Sommer über das Bier gut kühlten.

Archäologen haben in den Kreuzgang-Ruinen Hinweise gefunden, dass man sich im Kloster vor Untoten gefürchtet hat. Das Grab eines Mannes war nachträglich geöffnet worden, ein großer Fels wurde auf seinen Schädel gelegt. In der Kirche entdeckte man in einer Gruft das Skelett eines Abtes. Er war an den Beinen gefesselt, die Fesseln waren mit einem eisernen Vorhängeschloss gesichert.

Adresse Kirchenstraße, 21698 Harsefeld | **Anfahrt** von der B73 in Neukloster nach Hedendorf und immer geradeaus, in Harsefeld am Ende der Buxtehuder Straße rechts in die Schulstraße, links in die Kirchenstraße, großer Parkplatz | **Tipp** Am westlichen Ende des Seitenschiffs hängt in der Kirche die Grabplatte von Christoph Bicker. Er war im 16. Jahrhundert Erzabt, hatte Frauen und Kinder (geöffnet 10–12 und 15–17 Uhr).

56 Die Portae Coeli
Wo Christkind und Weihnachtsmann wohnen

»Hallo, liebes Christkind!«, schreibt Marie. »Ich wünsche mir, dass meine Familie gesund bleibt und wir in schönen Momenten beisammen sind.« Luca bittet: »Lieber Weihnachtsmann, komm zu mir. Kannst du Geschenke mitbringen? Du darfst auch übernachten, Kekse und Milch haben wir vorrätig.« Zigtausende solcher Kinderbriefe kommen in der Vorweihnachtszeit im Christkind-Dorf Himmelpforten an. Liebevoll verzierte Zettel. Gemalte Bilder, die Geschichten erzählen. Je nach kulturellem Hintergrund an den Weihnachtsmann oder das Christkind adressiert. Dass beides möglich ist, erklärt die Post so: »In Himmelpforten wohnt nicht nur der Weihnachtsmann. Er wird unterstützt vom Christkind mit seinen Engeln.«

Jeder der Briefe wird beantwortet. Die Villa von Issendorf, ein Ziegelbau-Landhaus von 1852 in eindrucksvoller Parkanlage, ist sonst Bücherei, Trauzimmer, Kultur- und Begegnungsstätte. Im Advent ist sie das Christkind-Postamt. Dutzende ehrenamtliche Helfer erledigen in zwei Schichten die himmlische Korrespondenz. Sie lesen jeden Brief, schreiben die Adressen auf die Umschläge, verschicken die vorgedruckte Antwort. Manchmal schicken die Kinder nicht nur Wünsche. Sie erzählen von echten Nöten durch Hartz IV oder davon, wie weh ihnen die Trennung der Eltern tut. Solche Briefe beantworten die Helfer persönlich und handschriftlich. Sind besonders schwierige Fälle dabei, werden Pastoren um Hilfe gebeten.

Rund um die Villa entstehen die Portae Coeli. Das ist die lateinische Übersetzung für Himmelstore. Zwölf solcher Pforten sollen aufgestellt werden. Zwei stehen schon. Die eine am Eingang zum Christkindplatz ist eine kunstvolle Nachbildung des Tores im Wappen von Himmelpforten. Die andere links hinter der Villa hat der Holzbildhauer und Kinderbuch-Zeichner Jonas Kötz entworfen. Zwei Engel, die sich begegnen, bilden mit den Armen ein Tor und tippen sich mit den Fingerspitzen an.

Adresse Christkindplatz 1, 21709 Himmelpforten | Anfahrt B73 in die Bahnhofstraße, rechts in die Poststraße, auf der rechten Seite | Öffnungszeiten Christkind-Markt ab Fr vor dem 1. Advent 10 Tage, Eröffnungstag 14–21 Uhr, Mo–Fr 15–19.30 Uhr, Sa, So 13–19.30 Uhr, Bücherei Di, Do 15.30–18.30 Uhr, Mi 10–12 Uhr | Tipp Eine begehbare Vitrine: Die Ausstellung »1000 Weihnachtsmänner und ein Christkind« im alten Waschhaus neben der Villa haben auch Ministerpräsidenten und der Bundespräsident mit Exponaten bereichert (ganzjährig geöffnet).

57 Der Fluchtturm
Bollwerk gegen die Apokalypse

Man muss sich das vorstellen. Wie der Turm in Wellenbergen schmutzigen, peitschenden Wassers stand. Bei der Cäcilienflut im November 1412, die nur ein paar Kilometer elbaufwärts bei der Mündung der Este das ganze Dorf Zesterfleth wegspülte. Oder bei der Allerheiligenflut 1570, als viele Kirchen im Alten Land versanken (siehe Ort 48). Aber dem Turm von Sankt Mauritius hat selbst solche Zerstörungskraft apokalyptischen Ausmaßes nichts anhaben können. Seine einen Dreiviertelmeter dicke Mauer aus Feldsteinen trotzte Mal um Mal dem Weltuntergang. Dahinter hatten sich die Menschen nach oben gerettet, lagen sich in den Armen, beteten. Für sie ist das Bauwerk immer auch Fluchtort gewesen.

Nach neuestem Stand der Heimatforschung kamen Anfang des 12. Jahrhunderts die ersten tapferen Holländer mit ihren Familien an. Die Fachleute der Wasserbautechnik sollten das Elbesumpfland trockenlegen. Der Ortsname Hollern ist Zeugnis dieser Siedlungsgeschichte. Den Kolonisten wurde urkundlich neben gesonderten Rechtsverhältnissen auch der Bau eigener Kirchen erlaubt. Erstmals ist Sankt Mauritius im Jahr 1250 schriftlich erwähnt. Deiche gab es damals noch nicht. Die Männer bauten ihr Gotteshaus zum Schutz vor Überflutungen auf eine Wurt, eine kleine Anhöhe. Andernorts sagt man Warft. Heute ist die Feldsteinmauer des Turms mit Klinkern ummantelt. Oben trägt er einen achteckigen, mit Holzschindeln gedeckten Helm. Bis zur Spitze misst der Turm 25 Meter. Wegen seiner runden Form und den Öffnungen, Schießscharten ähnlich, macht er den Eindruck eines trutzigen Wehrturms. Er ist das älteste erhaltene Bauwerk im Alten Land.

In einer Wandnische rechts von der Kanzel steht der heilige Mauritius. Er war Anführer einer Legion christlicher Soldaten, die zur Christenverfolgung abkommandiert war. Als die Männer sich weigerten, wurden sie selbst ermordet. Mauritius ist mit schwarzem Gesicht dargestellt.

Adresse Alter Schulweg, 21723 Hollern-Twielenfleth | **Anfahrt** von der A26 (Ausfahrt Stade-Ost) Richtung Wischhafen, an der Kreuzung rechts in die Straße Speersort, weiter über die Hollernstraße, rechts in den Alten Schulweg | **Öffnungszeiten** April–Sept. Mi, Sa 15–17 Uhr | **Tipp** 400 Jahre alt ist der hölzerne Glockenturm der Fachwerkkirche Sankt Marien im Ortsteil Twielenfleth (Hörne, geöffnet April–Sept. Mi, Sa 15–17 Uhr).

HORNEBURG

58 Das Gut Daudieck
Wer hinwill, den schüttelt's

»Dieck« ist ein altes Wort für »Deich«. Mit »Dau« könnte eine Niederung oder ein Moor gemeint sein, auch ein Tonvorkommen, vermuten Sprachwissenschaftler. Tatsächlich wurde Gut Daudieck auf einem Deich durch ein Feuchtgebiet erbaut. Mönche haben hier eine Ziegelei betrieben. »Der heutige Teich wäre also eine Kuhle gewesen, in der man den Ton für die Ziegel gegraben hat«, sagt Heimatforscher Christian Fuhst. Er war Pastor und vermutet, dass an diesem Ort die Backsteine für die Horneburger Kirche gebrannt wurden. Im Mittelalter haben Grafen das Gut dem Kloster Harsefeld geschenkt. Die Ordensmänner bauten eine Wassermühle, die Ziegelei und züchteten Fische. Später war das Anwesen Ritterhof. Mehrere Generationen der Burgmannsfamilie Schulte von der Lühe haben ihn bewohnt. Heute gehört das Gut Familie Brümmel.

Ein mit Kopfsteinen gepflasterter Weg führt zu der im Wald gelegenen Fachwerkhäuser-Gruppe. Der Weg ist lang, es schüttelt einen ordentlich durch. Radfahrer schieben vielleicht besser. Das Ensemble ist ein malerischer Ort. Neben den Wohnhäusern steht der ehemalige Kuhstall, der zum Miethaus umgebaut wurde. Auch die mit Reet gedeckte Wassermühle, um 1600 errichtet, ist Wohnhaus. Mehrere hundert Jahre alte Eiben sind wertvolle Naturdenkmale. Die Teiche werden immer noch bewirtschaftet. Die Gutsbesitzerfamilie betreibt eine Bioschweinezucht, eine Biogasanlage und Forstwirtschaft, baut Mais und Roggen an. Zusammen mit den Mietern backt man im alten Backhaus. Eine Hofgemeinschaft, die funktioniert.

Die »Stadt der Toten« gehört auch zu den Ländereien. Vor 5.500 Jahren wurden hier Menschen in Eichenstämmen in Großsteingräbern beigesetzt. Solche Kultstätten sind oft eingeebnet worden, die Brümmels setzen sich für den Erhalt der Anlage ein. Die vielen Gräberruinen südwestlich des Guts belegen, dass die Gegend in der Jungsteinzeit gut besiedelt war.

Adresse Gut Daudieck, 21640 Horneburg | **Anfahrt** von der B73 in Horneburg in die Issendorfer Straße Richtung Issendorf, links in die Straße Waidmannsruh, links in den Daudiecker Weg | **Öffnungszeiten** frei zugänglich, das Gut kann durchwandert werden | **Tipp** Die Malerin Christa Donatius und der Bildhauer Michael Jalowczarz haben ihre Ateliers auf dem Gut. Besucher sind nach Anmeldung willkommen (Tel. 04163/4684).

HORNEBURG

59 Das Haus Dankers
»Ein spitzbübischer Kauz«

Kurz nach der Hyperinflation Anfang des vergangenen Jahrhunderts, als eine Briefmarke 20 Milliarden Mark kostete. Die Wirtschaft erholt sich mühsam. Da trifft Buxtehudes Nachbarort Altkloster der Hammer. Die Papierfabrik entlässt 300 Arbeiter. Das entspricht einem Zehntel der Einwohner. Neue Jobs sind nicht zu finden. Die arbeitslosen Heinrich Vieths, 23 Jahre alt, und Heinrich Thoden, ein Jahr jünger, wollen sich nicht abfinden mit der Untätigkeit. In Kniehosen, Hemd und Schlips und mit Fotokarten im Gepäck laufen sie durch Deutschland. Sie ziehen auf Rollen den »Buxtehuder Hund« (siehe Ort 19) hinter sich her, einen geschnitzten Dackel. Auf Marktplätzen bauen die Wandergenossen sich auf, halten ein Schild in den Händen: »In Buxtehude, wie bekannt, bellen die Hunde mit dem Schwanz. Doch dieser hier stammt von den Dackeln. Drum kann er mit dem Schwanz nur wackeln. Wir ziehen, weil die Not uns zwang. Mit diesem Hund durchs deutsche Land. Wie's mit uns steht, müsst ihr wissen. Weil wir von Spenden leben müssen. Wir schenken euch von diesem Tier ein wunderschönes Bild dafür. Weil es mit der Arbeit flau, reisen wir mit dem Wau-Wau.«

Den Dackel hatte Peter Dankers geschnitzt. Er war Schuhmacher, hängte mit 34 Jahren den Beruf an den Nagel. Bildschnitzer, das war's. Dankers war Autodidakt. Für viele Familien in Horneburg hat er Stühle, Truhen, Schränke gefertigt. Das Gestühl des sogenannten Senatsgeheges im Hamburger Rathaus hat er verziert. Dankers wird vom Heimatverein als »merkwürdiger und spitzbübischer Kauz« beschrieben. Seine Frau soll geärgert haben, dass er für seine Kunst oft nur einen lächerlichen Lohn verlangte. Manchmal nur Naturalien.

Auch seine Söhne Georg und Otto wurden Bildschnitzer. Das Haus Dankers ist üppig mit Schnitzwerk verziert. Ein Sinnspruch auf einem Balken lautet: »Von alters her die Kunst besteht, hilf, dass sie nicht zu Grunde geht.«

Adresse Marschdamm 37, 21640 Horneburg | **Anfahrt** von der A26 (Ausfahrt Horneburg) Richtung Süden, rechts in den Marschdamm | **Tipp** Weiter auf dem Marschdamm: Der klobige Turm mit spitzem Türmchen der Liebfrauenkirche fällt auf. Die Kirche schwimmt. Das Moor war hier acht Meter tief. Das Gotteshaus ist auf einem Floß aus miteinander verkeilten Baustämmen erbaut.

60 Der Isern Hinnerk
Ein sagenhafter Raubritter

Bei manchen Denkmälern fragt man sich ja: Wie bescheuert ist das denn? Da stellen aufgeklärte Menschen Abbilder historischer Persönlichkeiten in den öffentlichen Raum, denen in Chroniken die übelsten Taten und Attribute zugeschrieben werden. Im konkreten Fall soll Hinrik von Borch, der vor 700 Jahren lebte, »einer der blut- und raubgierigsten Wütheriche gewesen sein, die jemals die Erde getragen hat«. Als Nonnenschänder wird er geschildert. Klöster habe er abgefackelt, Mönche in Ketten gelegt. Viele Menschen soll er »durch Feuer und Schwert getödtet« haben, andere ließ er ertrinken oder erfrieren. Nach diesen Erzählungen hat Hinrik von Borch die Ehefrau »in einem Backofen verbrannt«.

Alles eine Frage der Perspektive. Zumindest in jenen anarchischen Zeiten des Faustrechts. Nach anderen Berichten war Hinrik von Borch eine Ikone des Widerstands. Auf der Burg Horneburg wurde er geboren. Ungestüm sei er schon als Knappe gewesen, in einer Schlacht gegen aufständische Bauern hatte er sich den Namen »Isern Hinnerk« (Eiserner Heinrich) verdient. Später kämpfte er gegen den Bremer Erzbischof, den der Papst gegen das Domkapitel als Landesherrn eingesetzt hatte, den aber niemand anerkennen wollte. Wie Robin Hood sei der junge Hinnerk mit seinem Pferd als Raubritter durch die Region gezogen. Als man ihn schnappte, verschwand er für fünf Jahre im Kerker, wurde aber auf Druck vieler Adeliger rehabilitiert.

Das Denkmal des Künstlers Frijo Müller-Belecke zeigt den Rebellen mit Hellebarde, auf der ein Kiebitz sitzt. Aufgeschreckte Kiebitze sollen den Isern Hinnerk verraten haben, als er sich hinter Torfballen versteckte. Sonst hatte er immer Tricks drauf, um seine Häscher zu verwirren. So soll er die Hufeisen seines Pferdes verkehrt herum aufgeschlagen haben, um die Verfolger in die falsche Richtung zu schicken. Seine sagenhaften Schätze habe er in einer goldenen Wiege im Moor versenkt.

Adresse Ecke Burggraben/Isern-Hinnerk-Weg, 21640 Horneburg | **Anfahrt** von der A26 (Ausfahrt Horneburg) Richtung Süden, rechts in den Marschendamm, rechts in die Lange Straße, links in den Burggraben | **Tipp** Ein Denkmal für starke Frauen ist die »Skuld« des Bildhauers Carsten Eggers. Zwei Horneburgerinnen werden besonders gewürdigt: Käthe Bär, sie hat als Hebamme 5.000 Menschen ins Leben geholfen. Und Katharina Lütje, sie war 38 Jahre Totenfrau (die Lange Straße bis zum Ende).

61 Der Pannkoken-Park
Vielfalt auf der Streuobstwiese

Bei dieser Frucht geraten Pomologen, Obstbau-Wissenschaftler, ins Schwärmen: »Ein wuchtiger, großer Apfel. Seine deutlichen Rippen formen am Kelch ein schönes Ensemble. Grundfarbe grüngelb, Deckfarbe glänzend rot mit bläulichem Anflug, geflammt und sehr typisch marmoriert. Schale geschmeidig, leicht wachsig und druckfest. Fruchtfleisch grünlichweiß mit hohem Säuregehalt und mittelhohem Zuckergehalt. Der Geschmack ist saftig, aromatisch und erfrischend.« Klingt lecker! Gepflückt wird der Pfannkuchen-Apfel, plattdeutsch Pannkoken-Appel, im Oktober. Seine Genussreife erreicht er im Dezember. Gut lagern lässt er sich bis März. Um 1840 hat man die Sorte erstmals angebaut. In der Erntestatistik des Alten Landes aus dem Jahr 1938 führt der Apfel mit 7,6 Prozent Anteil an der Gesamttafelobsternte die Liste von 62 genannten Sorten an. 1994 lag der Anbau bei unter einem Prozent. Heute wird der Pannkoken-Appel auf dem Markt nicht mehr angeboten.

Ein paar Dutzend Bäume stehen wieder in einem kleinen Park. Ein Beitrag zur Nachhaltigkeit, eine lokale Initiative zur Wiederansiedlung der alten Apfelsorte. Keine niederwüchsigen, eng stehenden Bäume wie auf den Plantagen. Die robusten Hochstämmer mit breiter Krone und dunklem Laub gedeihen auf einer Streuobstwiese. Wie früher. Als verschiedene Obstsorten, Alters- und Größenklassen mit großen Abständen auf Grünland standen und den Eindruck vermittelten, als habe man die Bäume zufällig über die Wiese gestreut. Streuobstwiesen sind immer auch ein Paradies für Artenvielfalt. Für blühende Kräuter, Veilchen, Salbei, Klee. Lebensraum für Siebenschläfer und die Haselmaus, für Wendehals und Wiedehopf und viele Schmetterlinge.

Der Pannkoken-Appel gilt als herausragender Wirtschaftsapfel. Zum Kochen und Backen bestens geeignet. Für Mus, als Saft, für Apfelkuchen. Und für Pfannkuchen eben. Nach Omas Rezept mit Zimtzucker bestreut.

Adresse Kalkwiesen, 21640 Horneburg | **Anfahrt** von der A26 (Ausfahrt Horneburg) Richtung Süden, rechts in den Marschdamm und die Straße Bleiche, rechts auf den Auedamm, links in die Straße Kalkwiesen bis zum Ende, rechts halten (Fußweg) | **Tipp** Um den Weiher herum geht's bis zum Aue-Wanderweg. Nach einem Hochwasser im August 2002 haben die Horneburger die Deiche verstärkt.

62 — Das Schloss-Storchennest

Jakobs und Adeles Zuhause

Jakob und Adele sind treue Mieter. Wen wundert's? Schließlich ist ihr Quartier hochherrschaftlich. Zwar sind sie nur Mieter auf Zeit, aber herzlich willkommen. Jakob ist immer der Erste, Mitte bis Ende Februar fliegt er ein. Er räumt schon mal auf. Dann kommt Adele. Das Storchenpaar steuert seit vielen Jahren den Turm von Schloss Horneburg an, richtet sich ein. Sie tun, was Vögel im Frühjahr tun. Sie vögeln. Erfolgreich. Zuletzt hat der Vogelwart zwei Storchenküken gezählt, vor wenigen Jahren waren es vier.

Storchenpaare gibt es in Niedersachsen viele in Dörfern und Auengebieten. Aber mitten in der Stadt? Das ist ungewöhnlich. 1976 haben erstmals Störche ein Nest auf dem Schlossturm gebaut. Damit sie sich nicht immer aufs Neue plagen müssen, ließ der Eigentümer später eine Nisthilfe auf einem Fahnenmast errichten. Einmal hat ein Sturm das Nest davongeblasen. Zwei verletzte Küken konnten in einer Pflegestation aufgepäppelt werden. In den zwei folgenden Jahren zog das Paar auf einen stillgelegten Fabrikschornstein um. Als der abgerissen wurde, bauten sich die Störche wieder auf dem Schloss ein Zuhause. Man hat versucht, andere Nisthilfen attraktiv zu gestalten. Beim Bauhof, beim Altenheim. Das hat die Störche nicht interessiert. Wieder war der Schlossturm ihr Ziel. Als die Nisthilfe für eine Neueindeckung des Schieferdaches abgebaut werden musste, hat man den Tieren einen anderen Nistplatz auf dem nahen Museum angeboten. Die Störche aber haben erneut auf dem Schloss gebaut.

Das sogenannte Schloss ist eigentlich ein Herrenhaus im englischen Tudorstil, Baujahr 1886. Die Eigentümer überlassen es dem Verfall, was nicht nur den Bürgermeister ärgert. Früher hat auf dem Areal auf einer kreisrunden Insel, durch einen acht Meter breiten Wassergraben gesichert, eine Burg gestanden. Eine Zugbrücke führte auf die Insel. Davor hatten Burgmannsfamilien ihre Häuser.

Adresse Marschdamm 4, 21640 Horneburg | **Anfahrt** von der A26 (Ausfahrt Horneburg) Richtung Süden, rechts in den Marschdamm | **Tipp** In dem alten Pegelhäuschen von 1910, ein technisches Denkmal, wird wie vor 100 Jahren der Wasserstand der Lühe gemessen (Marschdamm 26). Die Lühe beginnt erst in Horneburg. Sie fließt hier aus den Flüsschen Aue und Landwettern zusammen.

JORK

63 — Der Apfel-Tresor
Warum Rolf Lühs jede Frucht fotografiert

»Uwaga«, steht auf einem der Schenkel eines Dreiecks auf grellgelbem Grund, in dessen Mitte ein Totenkopf prangt. Das ist Polnisch und heißt »Vorsicht«. »Danger« und »Gefahr« steht auf den anderen Seiten geschrieben. Ein weiteres Warndreieck ist mit einem Ausrufezeichen markiert, der Hinweis: »Achtung! Erstickungsgefahr! Vor Betreten des Raumes für nötigenfalls künstliche Belüftung sorgen.« Große Portale dichten die Schatzkammern ab. Wer einfach so eines der Tore öffnen und den Tresor betreten würde, wäre auf der Stelle tot. Der Sauerstoffgehalt in der Lagerkammer beträgt nur ein Prozent. Das überlebt keiner.

Äpfel atmen. Auch nach der Ernte. Damit sie auch noch im nächsten Sommer knackig in den Regalen liegen, müssen sie besonders gelagert werden. Früchte, die atmen, geben Kohlendioxid und Wasser ab. Würde man sie nur kühlen, würde die Fruchtatmung auf 30 Prozent sinken. Das Obst verliert schnell an Substanz und Geschmack. Eine Lagerdauer von vier Monaten wäre möglich. Entzieht man der Luft im Lagerraum Sauerstoff und das Kohlendioxid, sinkt die Fruchtatmung auf unter zehn Prozent, das Obst ist noch nach bis zu zehn Monaten wie frisch. 17 Apfel-Tresore hat der Herzapfelhof. In jeder der Kammern hat Obstbauer Rolf Lühs 190 prall gefüllte Erntekisten mit je 2.000 Äpfeln bei ein bis vier Grad Celsius aufgetürmt. Möchte er mit dem Stapler eine herausholen für den Handel, zieht er sich warm an. Und muss vorher gründlich lüften.

Rolf Lühs und Vater Hein bewirtschaften 100.000 Bäume. 20 Jahre bringt ein Baum guten Ertrag, jährlich werden bis zu 6.000 neue gepflanzt. In der Sortieranlage werden die Äpfel vor der Lagerung kurz in ein Warmwasserbad getaucht. Der Hitze-Impuls macht sie immun gegen Pilze. Dann geht's zum Shooting. Eine Kamera schießt 60 Bilder von jedem Apfel. Hat er Macken, sortiert die Maschine ihn aus. Pink auf dem Computerbildschirm bedeutet: Dieser Apfel hat rote Backen.

Adresse Osterjork 102, 21635 Jork, Tel. 04162/2548200 | **Anfahrt** von der A7 (Ausfahrt Hamburg-Waltershof) Richtung Finkenwerder/Cranz, nach dem Estesperrwerk links in die Straße Estedeich, geradeaus bis zur Königreicher Straße, rechts in den Obstmarschenweg und die Straße Osterjork | **Öffnungszeiten** Hofladen: Mo–Sa 8–18 Uhr, So 10–18 Uhr, April–Okt. Fr 8–19.30 Uhr | **Tipp** Auf dem Gelände hat Hein Lühs einen Apfelbaumgarten in Form eines Herzens angelegt. 250 verschiedene Sorten! Darunter »Minister von Hammerstein« und »Weißes Seidenhemdchen«.

JORK

64 _ Die Edelbrennerei
Dem Destillateur bei der Arbeit zusehen

Manchmal hat Arndt Weßel die Nase voll. Wenn er die Idee hat für eine neue Kreation, für einen Aquavit mit Orangennote zum Beispiel. Wenn er schon zwei, drei Wochen experimentiert, geschnüffelt und geschnuppert hat und immer noch nicht überzeugt ist, dann brauchen die Sinne des Destillateurmeisters eine Pause. Um dann mit Phantasie und neuer schöpferischer Kraft das Produkt zu veredeln. Arndt Weßel arbeitet mit uraltem Wissen. Nach Methoden, die vor Jahrhunderten Mönche, Naturheilkundler, Apotheker, Ärzte entwickelt haben. Und Alchemisten.

Es duftet nach einer betörenden Mischung feinster Aromen in der Spirituosenmanufaktur Nordik. Gläser und Flaschen auf einem Regal haben die Etiketten »Veilchen-Wurzel«, »Zimt-Mazerat«, »Curaçao-Schalen«, »Koriander«, »Caramel« oder »Espresso-Infusion«. Blüten der Königskerze geben eine schöne gelbe Farbe. Auf blankem Edelstahl reihen sich Messzylinder, Pipetten, Alkoholspindeln. Die kupferne Destillationsblase in der Ecke hat den Namen »Wünnerpütt«, weil sich Wunderwerke entwickeln in diesem Pott. Vor einigen Jahren ist Arndt Weßel mit seiner Edelbrennerei unters Dach des Obsthofes Lefers gezogen. Mit weitem Blick auf die Plantagen, von denen er für seine Brände Äpfel, Birnen und Knubberkirschen bezieht. Mit einer Schaubrennerei. Hier gibt der Meister Kurse in der Kunst des Destillierens, veranstaltet Whisky- und Gin-Seminare.

Von der Geschmacksidee bis zum genussfertigen Schnaps kann ein Jahr vergehen. Sechs Monate lässt Arndt Weßel die Destillate ruhen, bevor er sie mischt. Im Verkaufsraum stehen die edlen Tropfen in edlen Flaschen. Ganz vorn die Brände, Geiste und Liköre. »Olland« heißt das Label, Plattdeutsch für Altes Land. Daneben die Edition »New Jork«, ein Kräuterschnaps mit Apfel- und Rumaromen. Die Vorlieben des Meisters wechseln nach Saison. Das kann im Sommer ein Erdbeerlimes sein, im Winter vielleicht ein Eier-Himbeer-Likör.

Adresse Osterjork 140, 21635 Jork, Tel. 04162/9085601 | **Anfahrt** von der A7 (Ausfahrt Hamburg-Waltershof) Richtung Finkenwerder/Cranz, nach dem Estesperrwerk links in die Straße Estedeich, geradeaus bis zur Königreicher Straße, rechts in den Obstmarschenweg und die Straße Osterjork | **Öffnungszeiten** Di–Fr 10–13 und 14–17 Uhr, April–Dez. auch Sa, So 11–17 Uhr | **Tipp** Die lustigste Art, spazieren zu gehen: Boßeltour auf dem Obsthof Lefers, drei Kilometer mit Picknick (Tel. 04162/2545678).

65 Die Hofstatt von Haren

»Die Einwohner hierselbst in Furchten gehalten«

Hochzeitsbräuche gibt es viele. Im Brandenburgischen war es im Mittelalter üblich, allen weiblichen Gästen Pantoffeln zu schenken. Das hat ein Kurfürst dann als Luxus verboten. Per Gesetz ordnete er an, dass höchstens 80 Gäste erscheinen durften. Undenkbar für die Bauern im Alten Land. Zur Hochzeit wurde das ganze Dorf eingeladen. Früh schickten die Brauteltern den Hochzeitsbitter los. Mit roter Schleife am Zylinder und geschmücktem Bitterstock zog er von Hof zu Hof, um in Versen Nachbarn und Freunde einzuladen. Oft kamen bis zu 400 Gäste zusammen. Mit dem Schlachten eines Ochsen startete das Dorffest. Das Festmahl begann mit dem Auslöffeln der Hochzeitssuppe (siehe Ort 10). Weil niemand Hunderte Löffel hatte, brachte jeder Gast den eigenen mit. Diese Löffel waren kunstvoll gearbeitet und wurden nur bei Hochzeiten benutzt. War der Teller leer, hat man den Löffel an der Tischdecke abgewischt.

Geheiratet wird viel im Alten Land. Das Standesamt-Team im Rathaus von Jork hat gleich sechs Mitarbeiter. Die alte Hofstatt des Matthäus von Haren ist Romantikkulisse für 300 Brautpaare im Jahr, die auch aus fernen Ländern kommen. Durch die Groot Dör am Vorplatz mit der stattlichen Magnolie betritt man den Hof. Auch Otto Waalkes ist diesen Weg ins Glück gegangen.

Den Hof hat Matthäus von Haren 1651 als Herrensitz bezogen. Der Adelige war Gräfe, ein hoher Beamter, der in Diensten der Landesherren Steuern eintreiben musste und Richter war. Gräfenhof wird das Haus deshalb auch genannt. Im Archiv kann man über Matthäus von Haren lesen, »dass er streng und hart genug gewesen und die Einwohner hierselbst in Furchten gehalten hat«. Zuvor wurde der Verwalter und Steuereintreiber Majoricus genannt, erstmals 1220 ist ein Kirchspiel Majorica erwähnt. Der Sitz des Majoricus hieß »curia majorica«, die Siedlung drum herum war bald die »villa majorica«. So entstand der Ortsname Jork.

Adresse Am Gräfengericht 2, 21635 Jork, Tel. 04162/91470 | **Anfahrt** von der A7 (Ausfahrt Hamburg-Waltershof) Richtung Finkenwerder/Cranz und Jork, in Borstel links in die Straße Große Seite, über die Brücke in die Borsteler Reihe, links parken | **Öffnungszeiten** Mo–Fr 8–12 Uhr, Mo, Di auch 13.30–16 Uhr, Do 13.30–18 Uhr | **Tipp** Der Dichter Gotthold Ephraim Lessing hat 1776 die Witwe Eva König in Jork geheiratet. Im Gästehaus Schuback, wo heute die Sparkasse steht, wurde gefeiert (Westerjork 10). Ein Gedenkstein erinnert daran. In jedem Herbst gibt's im Altländer Museum die »Lessing-Gespräche«.

66 Das Portau'sche Haus
Verschieben wir's einfach!

Plattmachen wollte man das Haus. Es »aus Verkehrsrücksichten niederlegen«, wie es im Amtsdeutsch hieß. Es stand im Weg. Anfang der 1930er Jahre drängen immer mehr Autos auf die Straßen. Das Portau'sche Haus in einer Krümmung macht die Verkehrssituation dort schwer einsehbar, es war zu Unfällen gekommen. Also weg mit dem alten Kasten! Dann kann man die Straße breiter machen. Bürger protestieren. Das Haus von 1658 mit reich geschnitzten Knaggen und phantasievoll zwischen dem Fachwerk vermauerten Buntziegeln ist eines der schönsten der Stadt. Man schreibt an den Minister für Volksbildung in Berlin, dass »wertvolles Kulturgut unwiederbringlich verloren geht«. Das sieht auch der Bauunternehmer Johann Kröger von der anderen Elbeseite so. Er kauft das Haus. Lässt vom Jorker Maurermeister Erich Köster die Ziegel entfernen, von Zimmerern das Holzgerüst versteifen. Dann wird das Haus auf Rollen um sieben Meter verschoben, auf einen neuen Keller gesetzt. Erich Köster mauert die Gefache wieder aus, kunstvoller als zuvor.

Heute ist die Gemeindebücherei in dem Schmuckstück zu Hause. Früher hat im Saal im ersten Stock die »Landesstube« getagt, die Versammlung der Bürgermeister, Ständevertreter und Deichgeschworenen. Todesurteile wurden gesprochen, der Bau war auch Gerichtshaus. Mit Gastwirtschaft! In Kirchenbüchern steht, dass der Wirt nicht nur die Richter und Geschworenen zu verköstigen hatte, sondern auch »die Verpflegung von Arrestanten und Gefangenen« übernahm.

Tanzboden ist der Saal auch mal gewesen. Ende des 19. Jahrhunderts hat der Fuhrunternehmer Hein Portau das Haus gekauft. Wegen seines Wortwitzes war er im ganzen Land bekannt, deshalb ist der Name Portau'sches Haus bis heute geblieben. Über dem Eingang berichtet ein Spruch von der spektakulären Rückeaktion: »Ich tu das Handwerk loben / hierher ward ich verschoben / wohl nicht nach aller Wille / jetzt aber steh ich stille.«

Adresse Bürgerei 7, 21635 Jork, Tel. 04162/600906 | **Anfahrt** von der A7 (Ausfahrt Hamburg-Waltershof) Richtung Finkenwerder/Cranz und Jork, in Borstel links in die Straße Große Seite, über die Brücke in die Borsteler Reihe, im Kreisel 3. Ausfahrt, auf der rechten Seite | **Öffnungszeiten** Bücherei Di, Do, Fr 14.30–18 Uhr, Mi 9–12 und 14.30–18 Uhr, Sa 9–12 Uhr | **Tipp** Etwa gleich alt ist das Haus Sievers gegenüber, früher war es Hotel und Lokal (Bürgerei 6). Ums Eck steht an den Hauptwettern das Zigarrenmacherhaus aus dem 19. Jahrhundert, der Schaufensterpavillon des Zigarrendrehers Jacob Feindt.

67 — Tante Rosas Laden
Schnürsenkel, Schnuller, Sonntagszigarren

Rosa Mehrkens hatte alles. Alles, was man so brauchte, als es noch nicht in jedem Dorf einen Aldi oder Lidl gab. Vielleicht hatte die als liebenswert beschriebene Frau, die alle nur »Tante Rosa« nannten, sogar das breitere Angebot. Oder kann man heute Rattenfallen und Petroleum beim Discounter kaufen? Bei Tante Rosa konnte man das. Sie hatte Gewürze, viel Kaffee, der frisch gemahlen wurde, Knöpfe, Kernseife, Korsettstangen, Kleber, Schnürsenkel und Schnuller, das gute ARAL-Mehrzweckfett und die Sonntagszigarren für die Bauern. Bekannt war Tante Rosa für feinen Käse, den sie in Tücher eingewickelt hat. Sogar Glasaugen konnte man haben.

Tante Rosas Laden war nur zwölf Quadratmeter groß. Eigentlich war er eine Kammer in einem Wohnhaus links neben der Tür zur Diele. Hinter dem Tresen, Tonbank genannt, stand Tante Rosa mit ihrer großen Brille und Strickjacke von morgens sechs bis abends sieben Uhr und bediente die Kunden. Der dörfliche Klönschnack gehörte zu jedem Einkauf. Kinder holten sich bunte »Bontjes« aus dem Glas. Rosa Mehrkens hatte den Kolonialwarenladen von ihrer Mutter geerbt. Die hatte ihn seit 1920 betrieben, die Zeit der Inflation in der Weimarer Republik und die Lebensmittelmarken-Jahre der NS- und Besatzungszeit durchgemacht. Im Sommer 1986 hat Tante Rosa, schon 75 Jahre alt, den Laden für immer geschlossen. Der Großhändler wollte nicht mehr liefern, der Umsatz war zu gering. Rosa Mehrkens (1910–1998) hat die Einrichtung dem Museum Altes Land vermacht.

Das Museum, selbst ein Museumsstück, zeigt Kulturhistorisches zum Obstbau, der Wohnkultur und der Schifffahrt. Auch ein Unikat ist der Patentmaulkorb, den der Korbmacher Gustav Mahs erfunden hat. Früher grasten Kühe zwischen den Apfelbäumen, gerne naschten sie das süße Obst. Der Maulkorb hinderte die Tiere daran. Hoben sie den Kopf, rutschte er über das Maul. Beim Grasen rutschte er wieder zurück.

Adresse Westerjork 49, 21635 Jork, Tel. 04162/5715 | **Anfahrt** von der A7 (Ausfahrt Hamburg-Waltershof) Richtung Finkenwerder/Cranz und Jork, in Borstel links in die Straße Große Seite, über die Brücke in die Borsteler Reihe, im Kreisel rechts in die Straße Westerjork | **Öffnungszeiten** April–Okt. Di–So 11–17 Uhr, Nov.–März Mi, Sa, So 14–17 Uhr | **Tipp** Die Prunkpforte am Museum ist ein Nachbau der Barockpforte von 1683 auf dem Hof Quast (siehe Ort 78). Die Rekonstruktion haben Lehrlinge der Jugendstrafanstalt Hahnöfersand gezimmert (siehe Ort 9).

68 — Der Westerminnerweg
Bienen zum Mieten gesucht

Man könnte alle Obstplantagen im Alten Land mit Netzen schützen. Eine Fläche so groß wie 14.000 Bundesliga-Fußballplätze. Oder, weil man sich auch das kaum vorstellen kann: Das ist, als würde man die ganze Stadt Gelsenkirchen einwickeln. Mit Netzen wäre nicht passiert, was sich im Sommer 2019 ereignet hat. Eine Hagelwalze rauschte übers Alte Land. Die Eiskugeln, groß wie Golfbälle, schlugen Dellen in die heranwachsenden Äpfel. Auf einigen Höfen wurden bis zu 80 Prozent der Ernte vernichtet. Nicht jeder Obstbauer ist gegen einen solchen Schaden versichert. Hagelschutznetze aber sind teuer.

Die Kirschbäume dagegen, die auf sechs Prozent der Anbaufläche wachsen, stehen oft unter Foliendächern. Kirschen sind empfindlich. Schon starker Regen lässt die Früchte platzen. Zusätzliche Netze verhindern, dass Vögel die roten Leckerbissen stibitzen. So etwas lernt man auf dem Westerminnerweg. Der Obstlehrpfad führt über anderthalb Kilometer durch die Plantagen. Infotafeln erklären, was auch der Laie wissen sollte über die Obstanbau-Wirtschaft.

Zum Beispiel, dass man natürlich Energie braucht, um heimische Äpfel so zu lagern, dass sie auch noch nach zehn Monaten knackig in den Handel kommen. Dass es aber das 13-Fache an Energie kostet, frisch geerntetes Obst mit Schiffen von der Südhalbkugel nach Europa zu schaffen. Zum Beispiel, dass 60 Millionen Bienen nötig sind, um das Blütenmeer von 18 Millionen Bäumen im Alten Land zu bestäuben. Die Obstbauern mieten die Bienen. Von weit her reisen Imker zur Kirschblüte Ende April mit ihren Völkern an und nach der Apfelblüte Ende Mai wieder ab. Der Wanderer erfährt auch, warum die Sprinkleranlagen so wichtig sind. Friert es noch einmal während der Blütezeit, werden die Bäume die ganze Nacht beregnet. Eispanzer schützen Knospen und Blüten vor dem Erfrieren. Ein bizarres Bild. Dieser Frostschutz funktioniert bis minus sieben Grad.

Adresse Westerminnerweg, 21635 Jork | **Anfahrt** von der A7 (Ausfahrt Hamburg-Waltershof) Richtung Finkenwerder/Cranz und Jork, in Borstel links in die Straße Große Seite, über die Brücke in die Borsteler Reihe, im Kreisel 2. Ausfahrt, rechts in den Westerminnerweg | **Tipp** Am Ende des Weges links, rechts der Straße liegt die Galerie »neue diele«. Sie zeigt Bilder des »malenden Obstbauern« Hans-Dieter Ritter und seiner Tochter Silja (Hinterdeich 176, Öffnungszeiten März–Nov. So 14–17 Uhr).

69 — Der Harmshof
Regisseure lieben die Kulisse

Heinrich Stölken ist kein Mann, der klagt. Aber er verdreht die Augen, wenn er erzählt, wie anstrengend es sein kann, ein Leben mit dem Denkmalschutz zu führen. Zum Beispiel die Sache mit dem Dachfirst. Viele alte Häuser in der Region sind mit Reet gedeckt. Meist schützen zwei Reihen Ziegel den First vor Feuchtigkeit. Beim Harmshof, dem Zuhause der Stölkens, ist das nicht erlaubt. Der First ist hier mit Heidekraut beschirmt, so wie vor Hunderten von Jahren. Eine Auflage der Denkmalschützer. Die Heide aber muss alle zehn Jahre erneuert werden.

Der Harmshof ist die älteste erhaltene geschlossene und dokumentierte Hofanlage im Alten Land. Wie eine kleine Burg liegt das Anwesen abseits der Straße. Ein Kopfsteinpflasterweg führt vorbei an der weinrot gestrichenen Kornscheune aus der Mitte des 17. Jahrhunderts. Links das Hofcafé, das einmal Schafstall war. Geradeaus das Fachhallenhaus mit Wohntrakt und Stallungen unter einem Dach. Links davon steht die Apfelscheune. Ein Wassergraben macht das Ensemble komplett. Heinrich Stölken führt mit Stolz durch die Gebäude. Zu jedem Balken kann er etwas erzählen. Die Hölzer sind bei Neu- und Umbauten wieder und wieder verwendet worden. So ist die Scheune aus uralten Bargroden errichtet, ein Begriff, den man nicht einmal googeln kann. Bargroden, andernorts Rutenberge genannt, waren nach allen Seiten offene Erntestapelbauten für Getreide. Je nach Stapelmenge war das Dach in der Höhe verstellbar.

Seit 1524 ist der Hof unter wechselnden Namen in Familienbesitz. Vor einigen Jahren hat Heinrich Stölken ihn von den Großtanten Anna und Elfriede übernommen, den letzten beiden Harms, sie hatten noch kein fließend Wasser. Der Harmshof ist begehrte Kulisse. Zuletzt für die Verfilmung des Romans »Altes Land« von Dörte Hansen. Die Familiensaga mit Maria Ehrich und Iris Berben in den Hauptrollen wurde als Zweiteiler fürs ZDF gedreht.

Adresse Königreicher Straße 88, 21635 Jork-Königreich, Tel. 04162/435 | **Anfahrt** von der A7 (Ausfahrt Hamburg-Waltershof) Richtung Finkenwerder/Cranz, nach dem Estesperrwerk links in die Straße Estedeich, geradeaus bis zur Königreicher Straße | **Öffnungszeiten** Café und Hofladen Mitte April – Ende Okt. Sa ab 14 Uhr, So ab 13 Uhr | **Tipp** Vom Hof aus sieht man nur die Groot Dör, das Tor zur großen Diele. Ein Säulenportal schmückt den Zugang zum Wohntrakt auf der anderen Seite des Hauses.

70 — Der Krautsand
Flach. Weit. Frei.

Was mag man sich vorstellen unter einer Pastorenweide? Vor einigen Jahren haben die Inselbewohner ihren Dorfplatz neu gestaltet. Sie haben das graue Pflaster durch ortstypische rote Klinker ersetzt und darin eine Windrose verlegt. Poller wurden aufgestellt. Ein Architekt hat Lampen aus rostigem Stahl entworfen, die Schiffsdalben ähneln. Kapitän Ulf Wolter spendete einen Anker, der einmal das Kreuzfahrtschiff Hanseatic gesichert hat. Der Anker stützt sich auf eine Mauer in Wellenform, auf der Rückseite sind Krautsander Reeder mit ihren Schiffen verewigt. Als alles fertig war, hat man ein Fest gefeiert und den schönen Platz Pastorenweide getauft. Ganz früher hat der Pastor der Dorfkirche Zum guten Hirten hier das Vieh grasen lassen.

Dass Krautsand eine Insel ist, ist nur mit Ortskenntnis auszumachen. Östlich strömt die Elbe vorbei, die hier drei Kilometer breit ist. Westlich schlängelt sich die Wischhafener Süderelbe entlang, in manchen Abschnitten schmal wie ein Bach. Zwei Brücken verbinden die Insel mit dem Festland. Wer die Insel über die Krautsander Straße ansteuert, bemerkt die Überfahrt gar nicht. Wer über die Straße Elbinsel Krautsand kommt, dem fällt die blaue Klappbrücke auf. Ab 1620 hat man auf Krautsand die ersten Häuser gebaut. Auf Wurten, Erdhügeln, zum Schutz gegen die Sturmflut. Pferdezüchter waren die ersten Siedler. Auch heute fallen die vielen Pferde auf, Isländer vor allem. Man fährt endlos durch Wiesen, auf denen im Spätherbst Nonnengänse rasten. Alles fühlt sich hier weiter an. Freier. Dem Alltag entrückt.

Wer auf den Deich steigt, kommt am »Deichgrafen« vorbei, Wächter über Ebbe und Flut. Eine Arbeit des Bildhauers Carsten Eggers (siehe Ort 80). Vor dem Deich liegt der vier Kilometer lange Strand. Flach. Strahlend weiß. Mit Bilderbuch-Charme. Wer etwas läuft, findet unter Bäumen Schutz vor Sonne. Seinen ganz persönlichen Platz.

Adresse Deichverteidigungsweg, 21706 Drochtersen-Krautsand | **Anfahrt** von der A26 (Ausfahrt Stade-Ost) Richtung Drochtersen/Wischhafen, in Drochtersen von der Drochterser Straße rechts in die Krautsander Straße, rechts in die Elbstraße bis zum Deichverteidigungsweg | **Tipp** Neben der Pastorenweide steht der »Spielplatzkönig« von Holzschnitzer Jonas Kötz. Er hat auf Krautsand sein Atelier, ist bekannt für Figuren mit Knollennase und dickem Bauch.

MITTELNKIRCHEN

71 Die Birnbaum-Allee
Wo man den Herrn von Ribbeck hört

Wer noch im vergangenen Jahrhundert zur Schule gegangen ist, konnte in den allermeisten Fällen die Geschichte vom Birnbaum in Versform aufsagen. Jedenfalls hätte er können sollen. »Herr von Ribbeck auf Ribbeck im Havelland / ein Birnbaum in seinem Garten stand«, so geht die Story los. Theodor Fontane berichtet in seiner Ballade von dem freigiebigen Edelmann, der die Birnen von seinem Baum an arme Kinder verschenkt, die er in märkischem Plattdeutsch anspricht: »Lütt Dirn, kumm man röwer, ick hebb 'ne Birn.« Aber sein Sohn und Erbe ist geizig, er wird das Obst später nicht an die Kleinen verteilen. Weil der olle Ribbeck das ahnt, verfügt er, dass ihm eine Birne mit in sein Grab gelegt werde. Ein neuer Birnbaum wächst und trägt reichlich Früchte, welche die Kinder ernten können.

Nun sind wir hier nicht im Havelland. Es gedeiht im Alten Land nicht nur ein Birnbaum, im Plantagen-Niederstammobstanbau stehen Zigtausende kleine Birnbaumsoldaten. Und dann dies: Die literaturhistorisch bedeutsame Pflanze bildet eine ganze Allee. Hundert große Baum-Charaktere, wie Herr von Ribbeck auf Ribbeck sie im Garten hatte. Niemand weiß, wie alt die Bäume sind. Aber mindestens 64 Jahre müssen es sein. So alt ist Bürgermeister Joachim Streckwaldt, und die Bäume standen schon, als er Kind war. Weit reichen die Äste über die Straße. Im Spätsommer sind sie üppig mit Birnen behängt. Im Frühjahr sind die Bäume strahlend weißer Blütenzauber. Radfahrer und Wanderer halten inne, der alte Ribbeck fällt ihnen ein. Im Wispern der Blätter kann man ihn hören: »Junge, wiste 'ne Beer?«

Joachim Streckwaldt denkt an Patenschaften. Denn leider: Keiner pflegt die Bäume im Niemandsland, keiner erntet. So lange Leitern hat keiner mehr. Im Herbst macht fauliges Fallobst die Straße zur Rutschbahn. Eins weiß der Bürgermeister aber sicher: »Solange ich im Amt bin, wird niemand die Bäume fällen.«

Adresse an der Straße von Jork-Höhen nach Mittelnkirchen, 21720 Mittelnkirchen | **Anfahrt** von der A7 (Ausfahrt Hamburg-Waltershof) Richtung Finkenwerder/Cranz und Jork/Stade, 500 Meter vor dem Lühesperrwerk scharf links in die Straßen Lühe und Höhen bis zum Ortsschild Mittelnkirchen | **Tipp** Weiter nach Westen, links in die Straße Ort: Das Anwesen Ort 14 im Altländer Stil hat sich vor wenigen Jahren ein Reeder bauen lassen.

MOORENDE

72 Die Esteburg
20 Mark für die Kanzelpredigt

Der Bauherr Diederich Schulte kam aus einer der reichsten Adelsfamilien. Geld hatte er also genug, aber er hatte trotzdem zu schlucken. Als er an der Este ein Grundstück kaufte, um ein kleines Rittergut zu errichten, musste er akzeptieren, dass auf dem Besitz als Last ein »Ewiggeld« lag. Genauestens war geregelt, welche weiteren Zahlungen zu welchem Termin in Zukunft Jahr für Jahr zu leisten waren. Das bedeutete erhöhten Verwaltungsaufwand. Die meisten Zuwendungen waren im weitesten Sinne für soziale Zwecke bestimmt. Abgerechnet wurde in Marca Lubicensis, in Lübischer Mark, einer Währung, die nur unter den Hansestädten akzeptiert war. Eine Mark enthielt etwa zehn Gramm Silber. Diederich Schulte hatte zu zahlen: »Dem Herrn Pastoren die vier jährlichen Opfer zu zwölf Mark. Zusätzlich jährlich 20 Mark Cantzelgeld. Gleichgestalt an die Schulen 20 Mark. Dem Organisten auf Ostern sieben Mark. Den Gerichtsleuten ihre jährliche Tonne Bier = neun Mark. Armengeld auf Michaelis 18 Mark.« Es hat ja keinen Mittellosen getroffen.

Diederich Schulte hat vor über 400 Jahren mit dem Bau begonnen. Er hat dafür tief in die Tasche greifen müssen. Das Gelände war moorigerr Marschboden. Ein stabiles Fundament zu errichten wurde so teuer wie der eigentliche Bau selbst. Angeblich hat Schulte die Rechnungen darüber nach der Fertigstellung des Anwesens eigenhändig verbrannt. Kein Nachkomme sollte je erfahren, was er dafür ausgegeben hatte.

Ein richtiges Rittergut ist es nicht geworden, aber ein imposantes Gebäude. Ein kubisches Herrenhaus mit dicken Backsteinmauern und hohem Krüppelwalmdach. Mit Schießscharten, die aber nie genutzt worden sind. Mit Rittersälen. Mit Torhaus und Burggraben, von dem noch Reste vorhanden sind. Es hat auch eine Zugbrücke gegeben. Zwei Gipsritter bewachen das Portal. Bis 1911 gehörte das Gut der Familie Schulte. Die Nachfahren des Käufers wohnen heute darin.

Adresse Moorende 55, 21635 Jork-Moorende | **Anfahrt** von der A7 (Ausfahrt Hamburg-Waltershof) Richtung Finkenwerder/Cranz, nach dem Airbus-Gelände links auf den Neuenfelder Damm, links auf den Fährdeich, rechts auf den Marschkamper Deich, rechts in die Nincoper Straße, den Obstmarschenweg und die Neuenfelder Straße, vor der Este links in die Straßen Klein Hove und Moorende | **Öffnungszeiten** nur von außen anzusehen | **Tipp** Gut in Schuss ist die Moorender Motormühle von 1925. Die hölzerne Ladebrücke für die Getreideanlieferung lehnt sich an den Deich (Moorende 24).

73 Die M9er-Plantage
So werden neue Sorten veredelt

Wenn der Apfel aus Nachbars Garten viel leckerer ist als der vom eigenen Baum, kann es auf Dauer keine Lösung sein, den Apfel zu klauen. Man kann die Sorte aber vermehren. Man bittet den Nachbarn um ein Ästlein von dessen Baum, sägt den eigenen um, pfropft den Reiser auf den Stamm, beide wachsen dann zusammen. Obstbaukundler nennen den Stamm mit seinen Wurzeln »Unterlage«. Fast alle der Millionen Apfelbäume im Alten Land bestehen aus diesen zwei Komponenten: der Unterlage und der Edelsorte. Im Erwerbsobstbau hat sich die Unterlage M9 durchgesetzt, eine alte Züchtung auf Basis des »Gelber Metzer Paradies«. Pomologen im englischen East Malling haben die Unterlage kultiviert, daher das M im Namen. Im Beet Nummer 9 bauten sie die Bäumchen an.

Bäume auf M9 liefern schon im ersten Jahr Ertrag. Sie werden nicht größer als drei Meter, können vom Boden aus abgeerntet und beschnitten werden. Allerdings brauchen sie einen Stützpfahl. Hochstammbäume stehen stabil, tragen aber erst nach acht Jahren Früchte, die mühsam von wackligen Leitern aus gepflückt werden müssen. Apfelhochstämme gibt's nur noch als Bienenweide auf Streuobstwiesen.

In der Obstbauversuchsanstalt Jork wird viel mit dem M9er und anderen Unterlagen experimentiert. Bestäubung, Bewässerung, Pflanzenschutz und der Klimawandel sind weitere Forschungsgebiete. Zwölf Jahre lang hat man einen neuen Apfel gezüchtet, optimiert. Der »GS 66«, wie Fachleute ihn nennen, wird als »neuer Deutschlandapfel« gepriesen. »GS 66« ist ein rubin-roter Apfel. Lagerfähig wie ein »Braeburn«. Saftig wie ein »Honeycrunch«. Tester loben seine feine Balance aus Süße und Säure. Jetzt kommt der Apfel erstmals in die Regale. Eine Agentur für Markenfindung hat sich den Handelsnamen »Fräulein« einfallen lassen. Das stehe für eine energiegeladene Leistungsträgerin, begehrenswert und eindeutig deutsch. »Ein Kilo Fräulein, bitte!« Geht's noch?

Adresse Moorende 53, 21635 Jork-Moorende, Tel. 04162/60160 | **Anfahrt** von der A7 (Ausfahrt Hamburg-Waltershof) Richtung Finkenwerder/Cranz, nach dem Airbus-Gelände links auf den Neuenfelder Damm, links auf den Fährdeich, rechts auf den Marschkamper Deich, rechts in die Nincoper Straße, den Obstmarschenweg und die Neuenfelder Straße, vor der Este links in die Straßen Klein Hove und Moorende | **Öffnungszeiten** der Themenpfad »Schaufenster Obstbau« ist jederzeit zugänglich, Führungen auf Anfrage (April–Okt.) | **Tipp** Obstbäume gedeihen nur, wenn Böden nach Regen abtrocknen können. Gräben sammeln das Wasser. Früher standen überall Polderwindmühlen, um die Gräben zu entwässern. Eine solche historische Windpumpe dreht sich am Obstbauzentrum.

NEUENFELDE

74 Die Brauttür
Sicherer Fluchtweg, wenn es brannte

Die Blangendör ist eine Nebentür an der Längsseite der eindrucksvollen Bauernhäuser. Aber eigentlich war sie der Haupteingang. Sie führte zum Flett, der offenen Wohnküche auf der Diele des Fachhallenhauses, wo sich der Alltag abspielte. Die Tür in der Mitte der Prunkgiebel, zur Straße oder zum Deich ausgerichtet, ist die Brauttür. Sie ließ sich nur von innen öffnen. An viele dieser Pforten haben spätere Generationen nachträglich eine Klinke geschraubt. Im Originalzustand sind nur wenige der Brauttüren erhalten. Wie die des Hofes Palm, Ende des 17. Jahrhunderts gebaut.

Die Tür ist zweiflügelig, in Grün-, Blau- und Rottönen gestrichen. Auf dem Türbalken tragen geschnitzte pausbäckige Putten eine Kartusche mit dem Namen des Hausbesitzers und dem Jahr der letzten Restaurierung des Hofes. In diesem Fall: »Otto Palm, 1980«. Sonst werden oft die Eheleute genannt, das Jahr der Erbauung oder eines Eigentümerwechsels.

Über dem Balken ein Barock-Oberlicht mit Ranken und Muschelornamenten. Hinter der Tür lag das sogenannte Kammerfach, die Schatzkammer des Hauses. Mal bestand sie aus einem Raum, mal aus mehreren Kammern zu beiden Seiten eines breiten Ganges. Koffergang wurde er genannt, hier standen die Truhen mit den Kostbarkeiten der Familien.

Nur zu zwei Gelegenheiten hat man die Tür geöffnet. Vornehmlich wenn Hochzeit war. Wenn der Bräutigam die Braut und die Truhe mit der Mitgift über die Schwelle trug. Aber auch im Todesfall, wenn ein Familienmitglied das Haus verließ. Der Tote nahm auf diesem Weg symbolisch Abschied von den irdischen Schätzen. Auch im Notfall durfte die Tür geöffnet werden. Wenn der Dachstuhl in Flammen stand, das brennende Reet schon über die Dachtraufe rutschte, war die Brauttür an der Giebelseite der sicherste Fluchtweg. Der Altländer Filigranschmuck und die Trachten aus dem Kammerfach konnten so gerettet werden.

Adresse Stellmacherstraße 9, 21129 Hamburg-Neuenfelde | **Anfahrt** von der A7 (Ausfahrt Hamburg-Waltershof) Richtung Finkenwerder/Cranz, nach dem Airbus-Gelände links auf den Neuenfelder Damm, links auf den Fährdeich, rechts auf den Marschkamper Deich, rechts in die Nincoper Straße, auf Höhe von Haus Nummer 170 zweigt die Stellmacherstraße ab | **Tipp** Besonders kunstvoll gearbeitet: die Zierhölzer als Abschluss des Giebels. Die Schwanenform haben die Kolonisten aus Holland mitgebracht.

NEUENFELDE

75 Das Gespensterdorf
Wegen Airbus zogen die Familien weg

In vielen Biegungen schlängelt sich die Hasselwerder Straße am alten Neuenfelder Deich entlang. Auf der anderen Straßenseite: Bauzäune, Baulücken. Sie wechseln sich mit Einfamilienhäuschen ab. Große Brachflächen liegen dazwischen. Auch hier haben sich schmucke Eigenheime befunden. Mehr als zehn Jahre standen sie leer. Nun hat die Stadt Hamburg, die Eigentümerin, sie niedergerissen. 18 Wohnungen und 37 Reihenhäuser will sie auf 16 Baufeldern errichten. Wenn die einmal bezogen sind, verliert dieser Teil von Neuenfelde vielleicht sein Image als Gespensterdorf.

Die Hasselwerder Straße, der Organistenweg und die Straße Rosengarten sind nur wenige hundert Meter vom Airbus-Runway entfernt. Wenn die bulligen Beluga-Transporter aus Südwesten die Piste ansteuern, setzen sie hier auf, bremsen mit tosendem Umkehrschub. Und von hier starten die Maschinen, wenn der Wind aus Nordosten bläst. Das ist laut, ein Flugzeug macht beim Beschleunigen den meisten Lärm. Als Airbus Anfang des Jahrtausends die Start- und Landebahn wegen des A380 und einer geplanten noch größeren Frachtversion A380F auf über drei Kilometer verlängern will und der Senat zustimmt, kauft die Hansestadt kurzerhand 67 Häuser in Neuenfelde auf. »Dadurch sollte verhindert werden, dass dort private Mieter übermäßigem Fluglärm ausgesetzt werden beziehungsweise gegen die Stadt oder Airbus klagen mit dem Ziel, die Werkserweiterung weiter zu verzögern«, heißt es aus dem Rathaus. Immerhin, so erzählt man im Dorf, wurde gutes Geld gezahlt.

Eine Familie nach der anderen zog aus. Die leeren Häuser blieben zurück. Der Senat baute Zeitschaltuhren ein, die an Winternachmittagen das Licht anknipsten. Für die, die blieben, sollte die ausgeträumte Idylle der Bürgerlichkeit nicht allzu gruselig sein. Nun hofft man, dass neues Leben einkehrt. Der Frachtflieger A380F wurde nie realisiert. Mit dem A380 ist es auch vorbei.

Adresse Hasselwerder Straße/Organistenweg/Rosengarten, 21129 Hamburg-Neuenfelde | **Anfahrt** von der A7 (Ausfahrt Hamburg-Waltershof) Richtung Finkenwerder/Cranz, nach dem Airbus-Gelände links auf den Neuenfelder Damm, links auf den Fährdeich, wieder links | **Tipp** In Höhe des Hauses Nummer 128 lohnt der Aufstieg auf den Deich: Panoramablick von den Portalkränen der Sietas-Werft (im Westen) über das Airbus-Gelände bis zu den Entladekränen im Hamburger Hafen (im Osten).

NEUENFELDE

76 Das Mühlenberger Loch
Bei Ebbe fällt es trocken

Um die Jahrtausendwende werden die Hamburger Verwaltungsrichter von einer Prozessflut überrollt. Privatpersonen und Umweltverbände klagen. Der Senat will der Hansestadt das »industrielle Zukunftsprojekt des 21. Jahrhunderts« sichern. Will, dass Airbus im Werk Finkenwerder auch sein Großraumflugzeug A3XX baut, das später der Typ A380 wird. Dafür braucht der Luftfahrtkonzern mehr Platz. Für neue Montagehallen und eine verlängerte Start- und Landebahn. Er verkündet Großes. Mindestens 650 Exemplare des größten Passagierflugzeugs der Welt will er auf die Piste schieben. In Hamburg soll der Rumpf gebaut werden, den Techniker in Toulouse mit anderen Flugzeugteilen zusammensetzen. An der Elbe sollen die Maschinen lackiert, soll die Kabinenausstattung eingebaut werden. Das verspricht Arbeitsplätze und Gewerbesteuer-Fontänen.

Das Airbus-Werk liegt am Elbufer. Einzige Möglichkeit, zu erweitern: einen Teil der Elbe zuschütten im Mühlenberger Loch. Als Finkenwerder noch Insel war, hat sich hier die Süderelbe wieder mit dem Hauptstrom vereint. Mit dem Bau neuer Deiche nach der Flutkatastrophe von 1962 hat man die Süderelbe abgeschnitten. Sie ist ein stilles Gewässer. Das Mühlenberger Loch wurde Bucht, ein Flachwasserbecken. Ein Landschafts- und Vogelschutzgebiet zwei Kilometer hinter dem Hamburger Hafen. Es gilt als größtes Süßwasserwatt Europas, fällt bei Ebbe trocken. Für Airbus hat man auf einem Viertel davon zwölf Millionen Kubikmeter Sand aufgespült und eingepoldert. Steuerzahler haben 700 Millionen Euro gezahlt. Die Fläche ist jetzt das Mühlenberger Plateau.

Die Zahl der Arbeitsplätze bei Hamburgs größtem Industriebetrieb ist von 7.800 zur Jahrtausendwende auf 14.000 gestiegen. Das »Zukunftsprojekt des 21. Jahrhunderts« hat Airbus mangels Nachfrage gestoppt. Nur noch wenige Superflieger werden für die Dubai-Airline Emirates und die japanischen All Nippon Airways zusammengenietet.

Adresse Fähranleger Neuenfelde/Cranzer Hauptdeich, 21129 Hamburg-Neuenfelde | **Anfahrt** von der A7 (Ausfahrt Hamburg-Waltershof) Richtung Finkenwerder/Cranz, hinter dem Estesperrwerk rechts parken | **Tipp** Eine Institution: Werner Poschmanns Elbblick-Grill am Fähranleger. Man muss warten können, nur die bestellte Wurst kommt auf den Rost (geöffnet April bis Mitte September).

NEUENFELDE

77 _ Der Orgelbauerhof
Arp Schnitgers Ausnahme-Instrumente

Die Festgesänge nahmen kein Ende. Zum 300. Todestag des Arp Schnitger übertrafen sich die Experten der Musik. »Das geht unter die Haut«, jubilierte ein Intendant. »Wer behauptet, Orgel sei nicht sexy, der muss nur einmal Schnitger hören.« Ein Orgelbauer flötete: »Vor Schnitger waren die Orgeln im Himmel. Sie haben für die Engel gespielt. Mit Schnitger ist die Orgel aus dem Himmel zu den Leuten gekommen.« Arp Schnitger (1648–1719) war der berühmteste Orgelbauer seiner Zeit. Die Musik, die sich mit seinen Instrumenten spielen lässt, galt als Vorstufe zum Paradies. In vielen Kirchen im Alten Land erwecken seine musikhistorischen Schätze noch immer höchste Gefühle. In Borstel und Buxtehude. In Estebrügge und Hollern-Twielenfleth. In Jork, Mittelnkirchen, Neuenfelde, Stade und Steinkirchen. Die Instrumente sind Pilgerziele von Orgelkennern aus aller Welt.

Die Schmeichelei, seine Instrumente kämen direkt aus dem Himmel, hätte dem Meister wohl gefallen. Das Signum an seinem Hof zeigt das Handwerkszeichen der Orgelbauer, einen Zirkel, den ein Arm aus den Wolken reicht. Arp Schnitger selbst wird so zitiert: »Meine Kunst ist ein Geschenk des Himmels.« Auf dem Hof, den seine Frau Gertrud geerbt hatte, richtete Schnitger eine seiner Werkstätten ein. An mehreren Standorten beschäftigte er 50 Gesellen. Für Sankt Jacobi in Hamburg baute er eine Orgel mit 4.000 Pfeifen. Georg Friedrich Händel und Johann Sebastian Bach reisten an, um das Instrument zu bestaunen. Schnitger exportierte Orgeln nach England, Portugal, Spanien und Russland.

Für die reichen Obstbauern im Alten Land waren die Instrumente auch Statussymbole. Mit einer Schnitger-Orgel im Dorf war man sich neidvoller Anerkennung der Nachbarn sicher. Die Orgel in Sankt Pankratius (siehe Ort 79) kann ganz besondere Töne. Kippt der Organist ein paar Tropfen Wasser in eine der Pfeifen, zwitschert sie wie ein Vogel.

Adresse Vierzigstücken 95, 21129 Hamburg-Neuenfelde | **Anfahrt** von der A7 (Ausfahrt Hamburg-Waltershof) Richtung Finkenwerder/Cranz, links auf den Neuenfelder Damm, links auf den Fährdeich, links in die Hasselwerder Straße bis zur Straße Vierzigstücken | **Öffnungszeiten** Der Hof wird privat bewohnt. | **Tipp** Die zwischen Hasselwerder Straße und Deich eingeklemmte Bauernkate ist 250 Jahre alt (Höhe Haus Nummer 14). Denkmalschützer kämpfen für den Erhalt. Der Eigentümer will einen Abriss.

NEUENFELDE

78 Der Puurten-Quast
Älteste Prunkpforte im Alten Land

Der alte Hof steht auf einer Wurt. Einer kleinen Landerhebung, von Menschen angehäuft. Das hat seine Bewohner vor der Flutkatastrophe 1962 geschützt. Das Wasser stieg bis zur Haustür, blieb dort aber stehen. Auch viele Nachbarn fanden Schutz beim Puurten-Quast. Den Familiennamen Quast gibt's sehr oft in Neuenfelde. Damit man sich zielgenauer verständigen konnte, hat man den Hof der Quasts, die seit 1720 das Anwesen an der Nincoper Straße bewirtschaften, den Puurten-Quast genannt. Er hat in der Einfahrt eine Prunkpforte, auf Plattdeutsch Puurte.

Manche Obstbauern sind vermögend. Früher wollten sie das gerne auch zeigen. Von Kunsthandwerkern ließen sie sich stattliche Tore bauen. Diese Pforten mit großer Symbolik sollten den Wohlstand repräsentieren. Ein gutes Dutzend Puurten sind erhalten. Die hölzernen Pforten haben eine große Wagendurchfahrt. Starke Winkel stützen die tragenden Pfosten, ein Walmdach schützt das Balkengerüst. Im Rundbogen der Durchfahrt hängt eine große Traube als Sinnbild für Fruchtbarkeit. Beidseitige Löwen nehmen die Haltung drohender Torwächter ein. Ein kleiner Durchlass neben dem Tor dient als Personendurchgang. Darüber stehen gedrechselte oder geschweifte Säulen. Die Puurten sind strahlend weiß gestrichen. Sinn- und Segenssprüche auf Latein, Namensmedaillons, die Traube und die Tiersymbole sind bunt abgesetzt. Beim Puurten-Quast, der heute auch Café ist, lautet die Inschrift übersetzt: »Bete und arbeite, Gott wird mit dir sein.«

Die Prunkpforte ist von 1683, die älteste im Alten Land. Auf der Puurte von Hof Palm (siehe Ort 74) steht zwar die Zahl 1619 geschrieben, Heimatforscher halten das aber für einen Irrtum. Vielleicht sei es bei einer Renovierung phonetisch zu einer Verwechslung der Jahreszahlen 1690 und 1619 gekommen. Die beiden Puurten sind baugleich, wurden möglicherweise von denselben Handwerkern gefertigt.

Adresse Nincoper Straße 45, 21129 Hamburg-Neuenfelde | **Anfahrt** von der A7 (Ausfahrt Hamburg-Waltershof) Richtung Finkenwerder/Cranz, nach dem Airbus-Gelände links auf den Neuenfelder Damm, links auf den Fährdeich, rechts auf den Marschkamper Deich, links in die Nincoper Straße | **Öffnungszeiten** Café Fr–So 14–18 Uhr | **Tipp** Anders als alle anderen ist die Puurte vor Hof Rieper in Jork: Neben der hohen Durchfahrt hat sie links und rechts zwei Eingänge, darüber Tafelbilder (Osterjork 80).

NEUENFELDE

79 Sankt Pankratius
Himmlische und diabolische Klänge

Jeden Montag ist Friedensgebet. »20 Minuten Ruhe und Hören, Beten und Singen« ist das Motto. Man trifft sich um 19.30 Uhr. Eine gute Zeit. Dann kommt in der Regel kein Donnervogel mehr, und keiner hebt ab. Wenn aber untertags eine Trauerfeier ist und ein Flieger startet, fühlt sich das an, als habe der Gottseibeiuns persönlich die Kirchenpforte aufgestoßen. Dann unterbricht der Pastor die frommen Bitten, es würde ihn ohnehin niemand verstehen. Nach einigen Sekunden ist das teuflische Gebrause vorbei.

Die Barockkirche Sankt Pankratius liegt in der Flugschneise des Airbus-Werkes Finkenwerder (siehe Ort 37). Der Kirchturm ragt 40 Meter in den Himmel, eine rote Laterne an der Spitze warnt in der Dunkelheit die Piloten. Neben einem Feuerwehrmann und einem Obstbauern hat auch die Kirchengemeinde über Jahre Widerstand gegen die Verlängerung der Start- und Landebahn geleistet. Airbus brauchte deren Grundstücke, bot Millionen, die Rebellen aber verkauften nicht. Klagen, einstweilige Verfügungen, verordnete Baustopps und Aufhebungen derselben wechselten sich ab. Hamburgs Erster Bürgermeister zerstritt sich darüber mit der Bischöfin der Nordelbischen Kirche. Standesämter meldeten eine Verdopplung der Kirchenaustritte durch die, die für den Pisten-Ausbau waren. Schließlich knickte der Obstbauer ein, verkaufte sein Land, Schlüsselgrundstücke. Man verkleinerte die Planung, änderte den Verlauf der Straße, die im großen Bogen südlich um das Airbus-Gelände herumführt. Die Parzellen der Kirche und des Feuerwehrlers wurden nun nicht mehr gebraucht.

Sankt Pankratius steht auf einer Sanddüne, bei Flutkatastrophen haben die Menschen hier immer Schutz gefunden. Der Bau ist ein Prachtexemplar ländlichen Kirchenbarocks. Der Orgelbauer Arp Schnitger (siehe Ort 77) und seine Frau sind in der Kirche beigesetzt. Die Schnitger-Orgel mit zwei Manualen aus dem 17. Jahrhundert ist weltberühmt.

Adresse Organistenweg 7, 21129 Hamburg-Neuenfelde, Tel. 040/7459296 | **Anfahrt** von der A7 (Ausfahrt Hamburg-Waltershof) Richtung Finkenwerder/Cranz, nach dem Airbus-Gelände links auf den Neuenfelder Damm, links auf den Fährdeich, links in die Hasselwerder Straße, jetzt rechts | **Öffnungszeiten** Mo–So 9–16 Uhr, April–Dez. »Orgelmusiken« an jedem 1. So im Monat 16.30 Uhr | **Tipp** Ein Torbogenhaus in Altländer Farben markiert den Zugang zum Kirchhof mit uralten Grabkreuzen. Die Sonnenuhr an der Südseite der Kirche mahnt: »Ihr wisset weder Tag noch Stunde.«

NOTTENSDORF

80 Die Bildhauerei
Im Atelier des Carsten Eggers

Alles beginnt mit einem Klumpen, wenn ein Charakterkopf entsteht. Den Klumpen Ton hat Carsten Eggers auf ein Gerüst aus Stahl und Draht gepresst und auf einer Dreibein-Hebebühne positioniert. Eingepackt in nasse Tücher. Dicht umwickelt mit Zellophan. So bleibt die Masse feucht und geschmeidig. Zwölf Deckenscheinwerfer leuchten den Klumpen von allen Seiten aus. Es ist hell wie in einem Operationssaal.

Der Bildhauer schabt und kratzt an dem Klumpen. Bis zu zwei Jahre kann es dauern, bis eine Figur sich entwickelt hat und in Bronze gegossen wird. Zwei Jahre, in denen das Verhältnis zwischen Klumpen und Künstler immer intimer wird. »Abends geht man gedanklich mit der Figur ins Bett«, sagt Carsten Eggers. »Und wenn man morgens in die Werkstatt kommt, ist sie schon wieder da.« Unter der Lampen-Korona im Atelier ist die 1,70-Meter-Büste von Max Schmeling lebendig geworden, die in Hollenstedt, dem Wohnort des Boxers, im Landkreis Harburg steht. Der Rudi Carrell in dessen Geburtsstadt Alkmaar. Überall im Alten Land und im Elbstromland stehen Plastiken von Carsten Eggers: der »Mönch Heinrich« in Steinkirchen (siehe Ort 106). »De ole Schipper« in Estebrügge. Der »Erzabt zu Harsefeld«. Für den lässigen »Flethenkieker« in Buxtehude hat der alte Mathelehrer von Carl Eggers Modell gestanden. Für »Lesender Mönch« in Stade (siehe Ort 91) ließ sich der Künstler von den Händen eines Schulfreunds inspirieren und von der Figur, die sein Neffe hat. Eggers arbeitet mit leichten Übertreibungen. Die Bronze-Spiegelbilder wirken den Personen ähnlicher als das Original. Der Kunstkritiker Hanns Theodor Flemming: »Die Plastiken machen durch Lebendigkeit aufmerksam. Es gelingt dem Künstler, menschliche Schwächen und Stärken einzufangen.«

Sind die Skulpturen erst einmal aufgestellt, macht Eggers einen weiten Bogen um sie. »Ihnen im öffentlichen Raum zu begegnen ist mir befremdlich.«

Adresse Bundesstraße 1, 21640 Nottensdorf, Tel. 04163/6134 | **Anfahrt** von der A26 (Ausfahrt Horneburg) Richtung Süden bis zum Kreisel, 3. Ausfahrt auf die B73, auf der rechten Seite | **Öffnungszeiten** nach Vereinbarung | **Tipp** Auf der B73 weiter nach Neukloster, Richtung Buxtehude: Der parkähnliche Waldfriedhof im Neukloster Forst gilt als einer der zehn schönsten Friedhöfe Deutschlands. In Nistkästen leben Fledermäuse mit Vögeln zusammen (21614 Buxtehude, Heitmanns Weg 18).

81 Der Bamag-Meguin
Damals eine Sensation

Der letzte Kranführer hat es sich gemütlich gemacht an seinem Arbeitsplatz in der Kanzel. Hat ein Zierdeckchen ausgelegt auf dem Tischchen hinter der verglasten Front und Blumen daraufgestellt, die nie welken. Viele Stader können viele Geschichten erzählen, persönliche Erlebnisse, die sie mit dem Hafenkran verbinden. Christian Ohrt erinnert sich an die Jahre nach dem Zweiten Weltkrieg: »Wir waren eine Clique sieben- bis achtjähriger Jungs. Unser Revier war der Hafen mit dem imposanten Drehkran. Zu der Zeit wurde viel Steinkohle für die Saline, die Stadtwerke und die Lederfabrik angelandet. Wenn der große Muldengreifer des Krans zu tief in den Kohleberg im Schiffsbauch eintauchte, kam er überfüllt wieder zum Vorschein und verlor beim Schwenken vom Schiff zum Lastwagen wertvolle Brocken, die wir flink aufsammelten und in Leinenbeuteln verschwinden ließen. Zu Hause wurde aus Freude darüber nicht nach den Schularbeiten gefragt.«

Als die Stadt sich vor bald hundert Jahren entschloss, einen neuen Hafenkran aufzustellen, war man mutig. Man entschied sich für einen elektrisch betriebenen Portal-Drehkran des Berliner Herstellers Bamag-Meguin. Eine Sensation! Andere Hafenkräne der Zeit wurden mit Dampf oder druckwasserhydraulisch angetrieben. Dieser Kran war als Schienenlaufkran konstruiert. Er konnte die Kaimauer entlangfahren. Zum Be- und Entladen mussten die Kähne nicht zum Kran verholt werden, der Kran kam zum Schiff. Brennstoffe, Holz oder Baumaterialien konnten jetzt zügiger umgeschlagen werden. Der Kranfahrer bediente zwei kleine Hebel, Vorläufer des Joysticks. Später hat ein Autokran dem Wunderding Konkurrenz gemacht. Noch später wurde in Stade gar nichts mehr verladen.

Kaum zu glauben: Schon mehrfach sollte das Denkmal der Hafenkultur verschrottet werden. Immer wieder haben Bürger das verhindert. Je nach Sponsor wechselte der Kran seine Farbe. Er war grün, dann gelb-rot, dann blau. Jetzt ist er grün-grau gestrichen.

Adresse Hansestraße/Stadthafen, 21682 Stade | **Anfahrt** von der A26 (Ausfahrt Stade-Süd) halb rechts in die Harburger Straße, rechts in die Straße Hansebrücke, rechts auf den Salztorswall bis zum Stadthafen, großer Parkplatz | **Tipp** Kleiner, aber noch älter: der historische Entladekran des Sägewerks Hagenah & Borcholte auf der anderen Seite des Hafenbeckens.

82 Das Baumhaus
»Fleissige Aufachtung haben«

Wenn Hans-Jürgen Berg zu erzählen beginnt, mag er gar nicht mehr aufhören. Er hat viel zu berichten. Von Wilhelm Hinck zum Beispiel, einem der letzten Brauereibesitzer der Stadt. Er war nach Kanada ausgewandert, kam mit viel Geld zurück, kaufte ein Brau- und Sudhaus. Bis nach dem Ersten Weltkrieg hat man das Bier mit Pferdefuhrwerken ausgeliefert. Üblich war, dass die Bierkutscher in den Wirtshäusern ordentlich mit Schnaps versorgt wurden. Da kam es schon mal vor, dass der Kutscher bei der Rückfahrt vom Bock fiel. Zum Glück kannten die Gäule den Weg. Wenn dann das Fuhrwerk ohne Kutscher bei der Brauerei ankam, setzte sich Wilhelm Hinck ins Auto und sammelte den verlorenen Mitarbeiter ein.

Hans-Jürgen Berg hat viele Hinck-Bügelflaschen gesammelt. In Blechkisten stehen sie unten im Regal. Darüber ein Fuchsfell mit Kopf, Beinen und Schwanz, wie Damen es damals trugen. Noch eine Etage höher Muff-Schachteln der Pelzwarenfabrik Buchholz. Auch davon weiß Hans-Jürgen Berg Geschichten vorzutragen. Er ist Direktor im Privatmuseum Baumhaus.

Früher sind hier Kähne vorbeigefahren. Ein schwimmender Baumstamm versperrte die Zufahrt zum Hafen. Im Baumhaus hatte der Baumschließer seinen Posten. Er kassierte das Baumgeld, die Hafengebühr, schloss dann den Baumstamm auf. Er musste »fleissige Aufachtung haben, das kein Hamburger undt frembde Biere undt Gedrencke an Frantzosischen, Reinschen undt dergleichen Weine, ohne des Radts erlaubnis eingeführet werde«.

Hans-Jürgen Berg wohnt oben im Baumhaus. Der Maurer hat es restauriert, unten sein Museum eingerichtet. Dinge des täglichen Gebrauchs aus drei Jahrhunderten, die er »Stadensien« nennt, lagern in Vitrinen. Porzellangriffe für Klospülungen etwa. Zigtausende Dokumente und Fotos sind in Schubladen und Ordnern sortiert. Gerne wünscht Berg sich mehr Besuch seiner Mitbürger. »Die warten so lange, bis sie tot sind.«

Adresse Wasser Ost 28, 21682 Stade, Tel. 04141/45434 | **Anfahrt** von der A26 (Ausfahrt Stade-Süd) halb rechts in die Harburger Straße, rechts in die Straße Hansebrücke, rechts auf den Salztorswall bis zum Stadthafen, großer Parkplatz, über die Straße | **Öffnungszeiten** April–Okt. Sa 15–17 Uhr, So 14–17 Uhr, Nov.–März So 15–17 Uhr | **Tipp** Land unter! Ein historisches Foto am Hafenbecken zeigt, wie hoch das Wasser nach der Sturmflut am Tag vor dem Heiligen Abend 1894 stand.

STADE

83 Der Burggraben
Zeitreise in Fleetkähnen

»Blubb, und weg war er«, schrieb die Lokalzeitung. Der sogenannte Brombeerbagger, ein Spezialgerät für großflächigen Strauchrückschnitt an den Wallanlagen, war von der steilen Böschung gekippt und im Wasser versunken. Der Maschinist konnte sich leicht verletzt retten. Sonst passiert nicht viel am Burggraben. Mal gab's eine Wasserleiche. Mal trieben Geldscheine an der Oberfläche, am Ufer waren Turnschuhe abgestellt, Socken lagen daneben. Das hat Polizei und Rettungstaucher in Aufregung versetzt. Aber sonst? Der Burggraben ist eine Idylle. Er umrundet den Wall, der Grüngürtel und Promenade in unmittelbarer Nähe zur Altstadt ist.

Diese Wunderwelt lässt sich am besten auf einer Tour mit den Fleetkähnen August und Aurora erleben. Der Ausflug startet am Holzhafen. Bootsbauer im Spreewald haben die Kähne gezimmert, ein fünf PS starker Elektromotor treibt sie an. Trauerweiden bilden einen dichten Vorhang über dem Wasser. Auf Seerosen sonnen sich Frösche. Stand-up-Paddler kreuzen. Man bekommt einen guten Eindruck von der alten Festung aus der Zeit, als die Stadt zum Königreich Schweden gehörte (1673–1712). Der Wallgraben hat sie vor Angreifern beschützt, war damals 25 Meter breit. Der Kahn-Kapitän weiß viel zu erzählen.

Es geht vorbei an der Güldenstern-Bastion, eine von einst neun vorgeschobenen Wehranlagen, die den fünf Meter hohen Wall unterbrachen. Der Skipper steuert unter der Hansebrücke durch, lässt das Bleicher-Ravelin links liegen. Die heutige Insel war früher Verteidigungsanlage außerhalb der Stadt (siehe Ort 90). Nach der Hans-Wohltmann-Brücke, benannt nach dem Historiker und Ehrenbürger der Stadt, tuckert der Kahn um die Königsmarck-Bastion herum, passiert die Georg-Bastion und die Wrangel-Bastion. Hier, im Villenviertel der Stadt, hat man den alten Burggraben gekappt, zugeschüttet. Stadtentwicklung hatte Vorrang. Es geht zurück. Mit neuer Perspektive.

Adresse Anleger Holzhafen, Salztorswall, 21682 Stade, Tel. 04141/776980 (Tourist-Info) | **Anfahrt** von der A26 (Ausfahrt Stade-Süd) halb rechts in die Harburger Straße, rechts in die Straße Hansebrücke, rechts auf den Salztorswall | **Fährzeiten** Die Kähne fahren von April–Okt. Do 16 Uhr, So 14 Uhr, zusätzliche Termine unter www.stade-tourismus.de, Voranmeldung empfehlenswert. | **Tipp** Am Ufer des Burggrabens liegt das Stadeum, Zentrum für Konzerte, Schauspiel, Tagungen, Kongresse (Schiffertorsstraße 6).

84 Das Carl-Diercke-Haus
Für die Kinder das Beste!

Ein Schüler hat Carl Diercke, den Direktor des Königlichen Lehrer-Seminars, so beschrieben: »Eine stattliche, schlanke Gestalt mit frischen Bewegungen, ein sympathisches, vom Vollbart umrandetes Gesicht. Eine Stimme in Basslage.« Diercke habe eine gewisse Bestimmtheit gezeigt, die unwillkürlich Gehorsam verlangte, »aber ohne barbarische Strenge«. Auch eine gewisse Großzügigkeit, die mal fünfe gerade sein ließ. »Aber zu gegebener Zeit konnte er wie ein Unwetter sein.«

Diercke (1842–1913) bildete Pädagogen aus. Sein Lieblingsfach war Geografie. Seine Leidenschaft waren die besten Karten für den Unterricht, die nicht nur politische Grenzen abbildeten. Sie sollten die physischen Verhältnisse der Erdoberfläche zeigen. Mit transparenten Farben. Mit dem Finger auf der Landkarte sollte man die Topografie beinahe spüren können. So etwas herzustellen war teuer. »Für die Kinder, für die Schule, ist das Beste eben gut genug«, wird Carl Diercke zitiert.

Mit 31 Jahren wird er Seminar-Direktor in Stade. Sechs seiner acht Kinder werden hier geboren. 1879 tun sich Diercke, der Verleger Friedrich Westermann und der Kartograf Eduard Gaebler zusammen, um ihren Traum vom guten Atlas Wirklichkeit werden zu lassen. Diercke liefert die Informationen. Er bezieht sie aus der Fachliteratur, aus Expeditionsberichten. Gaebler zeichnet die Karten, Lithografen ritzen diese in Steinplatten. Westermann macht erste Probedrucke. Es ist ein aufwendiges Verfahren. Allein die Schraffur der Alpen braucht sechs Monate. Im November 1883 erscheint der erste Diercke. Erstmals zeigt ein Atlas Profile der Berge, Wald- und Schneegrenzen. Die verschiedenen Blautöne des Meeres je nach Untergrund und Tiefe. Seit Generationen lernen Kinder mit ihrem Diercke, heute auch mit der App.

Im Seminarhaus gehen immer noch Lehrer zur Schule. Der Diercke ist »Marke des Jahrhunderts« wie Miele oder Persil.

Adresse Bahnhofstraße 5, 21682 Stade, Tel. 04141/935209 | **Anfahrt** von der A26 (Ausfahrt Stade-Süd) halb rechts in die Harburger Straße, rechts in die Straße Hansebrücke, links in die Wallstraße, wieder links | **Öffnungszeiten** Bibliothek Mo 10–16.30 Uhr, Di und Do 10–15.30 Uhr, Mi 9.30–16.30 Uhr, Fr 9–12 Uhr | **Tipp** Längs des Burggrabens an der Neubourgstraße gegenüber verlief ein Festungswall, jetzt stehen hier Villen der Gründerzeit. Carl Ludwig Neubourg (1808–1895) war Stader Bürgermeister.

85 Das Forschungszentrum
Alles dreht sich um den Werkstoff der Zukunft

Wenn wir die Erde retten wollen, ist eine Vielzahl einzelner Maßnahmen notwendig. Jede ist nur ein kleiner Schritt, aber viele kleine Schritte bringen eine gute Sache voran. Und manchmal wird auch ein großer Schritt getan. Im CFK Valley arbeiten internationale Forscherteams, Ingenieure und Techniker zum Beispiel daran, Verkehrsflugzeuge der nächsten Generation herzustellen. Leichter, deshalb sparsamer beim Treibstoffverbrauch und freundlicher in der Schadstoffbilanz.

Carbonfaserverstärkter Kunststoff (CFK) gilt als Werkstoff der Zukunft. Für die Luftfahrt und die Automobilindustrie. Für Schiffe, Maschinen oder die Rotorblätter von Windkraftanlagen. Für Fahrradrahmen, Angelruten, Walking-Stöcke. Die markantesten Eigenschaften des CFK: extrem stabil bei geringem Gewicht, praktisch verschleißfrei. Mit CFK zu produzieren ist aber teuer, vieles ist Handarbeit. Im CFK Valley dreht sich alles darum, auch großformatige Flugzeugteile oder Offshore-Flügel mit Robotern automatisiert herstellen zu können. Das Motto: »Stückzahl rauf! Produktionskosten runter!« Das Deutsche Zentrum für Luft- und Raumfahrt ist mit dabei und die Fraunhofer-Gesellschaft. Die Leibniz Universität Hannover sowie die Technischen Universitäten Clausthal und Braunschweig. Ein Dutzend mittelständische Zulieferer. Studenten lernen an der Hochschule Campus Stade. Das CFK Nord ist das Forschungszentrum im Valley mit Experimentierhallen und Laboren. Wissenschaftler und Unternehmen tauschen sich aus, Expertenwissen trifft Innovationskraft.

Auf der anderen Straßenseite sind die 1.800 Mitarbeiter im Werk Airbus Operations spezialisiert auf die CFK-Technologie. Die Seitenleitwerke für die Airbus-Flotte werden hier produziert und 32 Meter lange Flügelschalen. Wenn Tieflader die großen Bauteile über die Altländer Landstraßen zur Airbus-Montage in Hamburg-Finkenwerder schleppen, ist das immer ein Spektakel.

Adresse Ottenbecker Damm 12, 21684 Stade, Tel. 04141/7776969 und 7776966 | **Anfahrt** von der A26 (Ausfahrt Stade-Ost) Richtung Gewerbegebiet-Süd, vor dem Kreisel rechts auf die B73, links auf den Ottenbecker Damm | **Öffnungszeiten** Info-Point im Foyer Mo–Fr 8–16.30 Uhr, Führungen nach Vereinbarung | **Tipp** Die CFK-Skulptur vor dem Forschungszentrum »nutzt die Geometrie des Knotens in Kombination mit mehrfach gekrümmten Freiformflächen«. Alles klar!

86 — Die Greundiek
Nachkriegsgeschichte mit Dieselmotor

Gemütlich gleitet das Küstenmotorschiff Greundiek an blühenden Wiesen und grasenden Kühen vorbei, die Schwinge entlang Richtung Elbe. Der alte Deutz-Diesel im Maschinenraum tuckert verlässlich. Glückstadt ist heute das Ziel der Reise, die gleichzeitig Zeitreise ist.

Die Greundiek mit dem grün-rot gestrichenen Rumpf ist ein Projekt der Nachkriegszeit. Nach Ende des Zweiten Weltkriegs mussten alle noch vorhandenen deutschen Schiffe abgeliefert werden oder wurden unter die Aufsicht des Alliierten Kontrollrats gestellt. Neubauten waren verboten. Erst ab 1948 war es den Werften unter strengen Auflagen wieder gestattet, Schiffe zur zivilen Nutzung auf Kiel zu legen. Die Greundiek war eines der ersten. Der Reeder Hermann Behrens gab das Doppelboden-Stahlschiff, damals 34 Meter lang, bei der Bremerhavener Rickmers-Werft in Auftrag. Holz aus Schweden und Finnland sowie Kohle aus England wollte er holen. Hermann-Hans hieß das Schiff zuerst. Behrens benannte es nach seinen Söhnen, die im Krieg gefallen waren.

Schon bald wurde die Hermann-Hans verlängert. Die Monteure schweißten in Cuxhaven ein neues Mittelstück ein. Der Frachter misst heute 47 Meter. Hermann Behrens verkaufte ihn an den Kapitän Henry Dölling, der das Schiff nach seiner Frau in Rita Dölling umbenannte. Die Ehefrau machte auch das Patent als Steuerfrau, das sparte die Heuer für den Steuermann. 1986 kaufte der Landkreis Stade das Schiff für die Seefahrtschule Grünendeich, seither heißt es nach der plattdeutschen Ortsbezeichnung Greundik. 320 angehende Schiffsmechaniker übten an der Maschine. Acht Jahre später hat der Verein Alter Hafen Stade das mobile Denkmal übernommen, wieder seetüchtig gemacht und in mühevoller Arbeit restauriert. Im alten Frachtraum finden Ausstellungen, Firmenevents, Hochzeiten, Konzerte und Kabarett statt. Auf der Elbe ist das Museumsschiff als Kreuzfahrer unterwegs.

Adresse Hansestraße/Stadthafen, 21682 Stade, Tel. 0151/10974508 | **Anfahrt** von der A26 (Ausfahrt Stade-Süd) halb rechts in die Harburger Straße, rechts in die Straße Hansebrücke, rechts auf den Salztorswall bis zum Stadthafen, großer Parkplatz | **Öffnungszeiten** April–Nov. Di–Sa 12–16 Uhr, Fahrten unter www.greundiek.de | **Tipp** Auch ein technisches Denkmal: die Slip-Winsch-Anlage gegenüber dem Liegeplatz der Greundiek. Die wuchtigen Ketten und Zahnräder, mit denen Schiffe an Land gezogen wurden, erinnern an die alte Stader Schiffswerft.

87 — Die Hafenmeister-Villa
Eine Idee, ein Projekt, ein Geschenk

Das Häuschen war früher um 180 Grad gedreht, die Laube zeigte nach Süden. Dort konnten sich Passagiere unterstellen, die auf die Fähre warteten. In dem Fachwerkbau hatte der Hafenmeister sein Büro. An einem Schalter wurden Fahrkarten verkauft. Ein sehr altes Foto zeigt eine Menschentraube vor dem Haus. Männer in Gehröcken und Frauen in weiten Kleidern. Auf zweirädrigen Holzkarren werden Waren gebracht, die verladen werden sollen. Ein Dampfschiff legt an. Ab 1840 hat die Gilde der Fährschiffer mit ihrem hölzernen Dampfer Gutenberg eine regelmäßige Verbindung über die Schwinge nach Stadersand betrieben. Eine Zubringerlinie, dort stieg man auf Elbeschiffe um. Später setzte die Altländer Dampfschifffahrtsgesellschaft mit der Concordia das erste Stahlschiff ein. Ab 1879 pendelten die Flussdampfer Schwinge und Brunshausen zwischen Stade und Stadersand. Der neue Stadthafen wurde gebaut. In dieser Zeit hat man auch die Hafenmeister-Villa errichtet. Sie stand an der Hafeneinfahrt, Kehrwiederspitze genannt.

Als die Motorisierung fortschritt, waren die Fähren nicht mehr rentabel. Das Häuschen hatte ausgedient. Es wurde noch einmal versetzt, in der zweiten Hälfte des vergangenen Jahrhunderts abgerissen. Das heutige Hafenmeister-Haus ist also ein Nachbau. Aber was für einer! Viel schöner, als der alte je gewesen ist. Jetzt ist die Laube nach Norden ausgerichtet, aber das Haus steht wieder direkt am Kai, fast genau am selben Platz wie zuvor. Das Fachwerk aus Eichen- und Lärchenholz ist mit Schmuckziegeln ausgemauert. Andere Flächen sind maritim gestrichen. Zwei Wetterfahnen drehen sich auf dem Dach.

Nach einer Idee von Hafenforscher Dieter-Theodor Bohlmann haben Jugendliche das möglich gemacht. Lehrlinge und Schüler vieler Bauberufe. Lehrer, Handwerker und Sponsoren haben geholfen. Zum 1.000 Geburtstag im Jahr 1994 haben sie der Stadt das Hafenhäuschen geschenkt.

Adresse Stadthafen, 21682 Stade | **Anfahrt** von der A26 (Ausfahrt Stade-Süd) halb rechts in die Harburger Straße, rechts in die Straße Hansebrücke, rechts auf den Salztorswall bis zum Stadthafen, großer Parkplatz | **Tipp** Origineller aktueller Arbeitsplatz des Hafenmeisters: die ausrangierte Schiffsbrücke auf der anderen Seite des Hafenbeckens.

88 Das Hökerhus
Es blieb vom Feuersturm verschont

In Stade, einer Mittelstadt mit bald 50.000 Einwohnern, leben am 26. Mai 1659 nur wenige Tausend Menschen. Campe, jetzt ein Stadtteil, ist damals ein Dorf vor der Stadt. Man weiß nicht warum, aber an jenem Frühlingstag bricht in Campe ein Feuer aus. Schnell brennt der ganze Ort, in kurzer Zeit sind 33 Häuser zerstört. Wenn die Geschichtsschreiber nicht übertrieben haben, werden bei starkem Südostwind »brennende Speckseiten durch die Luft nach Stade getrieben«. In der Straße Am Sande entzünden sie ein Haus. Mit rasender Geschwindigkeit frisst sich das Feuer weiter durch die Straßen, vernichtet 500 Gebäude, das Rathaus, mehrere Kirchen. 36 Menschen verbrennen oder werden von glühenden Balken erschlagen. Zwei Drittel des Stadtgebiets sind Brandruine. Für den Wiederaufbau werden Sondersteuern erhoben. Die Hansestädte Hamburg, Bremen, Lübeck, Lüneburg und Rostock helfen. Der Neuanfang hat das Gesicht der Fachwerkstadt gezeichnet.

Auch durch die Hökerstraße tobt damals der Feuersturm. Auf der östlichen Seite gehen die Häuser im Flammenmeer unter – auf der westlichen bleiben die meisten unversehrt. Auch das Hökerhus. Die Straße ist im Spätmittelalter Handelsplatz für Höker und Krämer. Das Hökerhus ist Kaufmannshaus. Es hat noch den charakteristischen Grundriss des 14./15. Jahrhunderts. Hinter einem schmalen Durchgang führt eine Stiege zur sogenannten hohen Diele, früher ein Multifunktionsraum. Heute sind hier das Altstadtcafé und kleine Läden.

Die üppige Fachwerkfassade stammt aus der Mitte des 17. Jahrhunderts. Das Giebelhaus über drei Geschosse kragt vierfach vor, geschnitzte Konsolen stützen die Auskragungen. Die geschwungenen Streben am Fuß der Holzständer geben dem Haus sein unverwechselbares Aussehen. Dominiert wird die Fassade von zwei Erkern. Johannes Pragemann, ein Seidenkrämer, war der erste Besitzer des Prachtbaus. Gewohnt hat er darin aber nie.

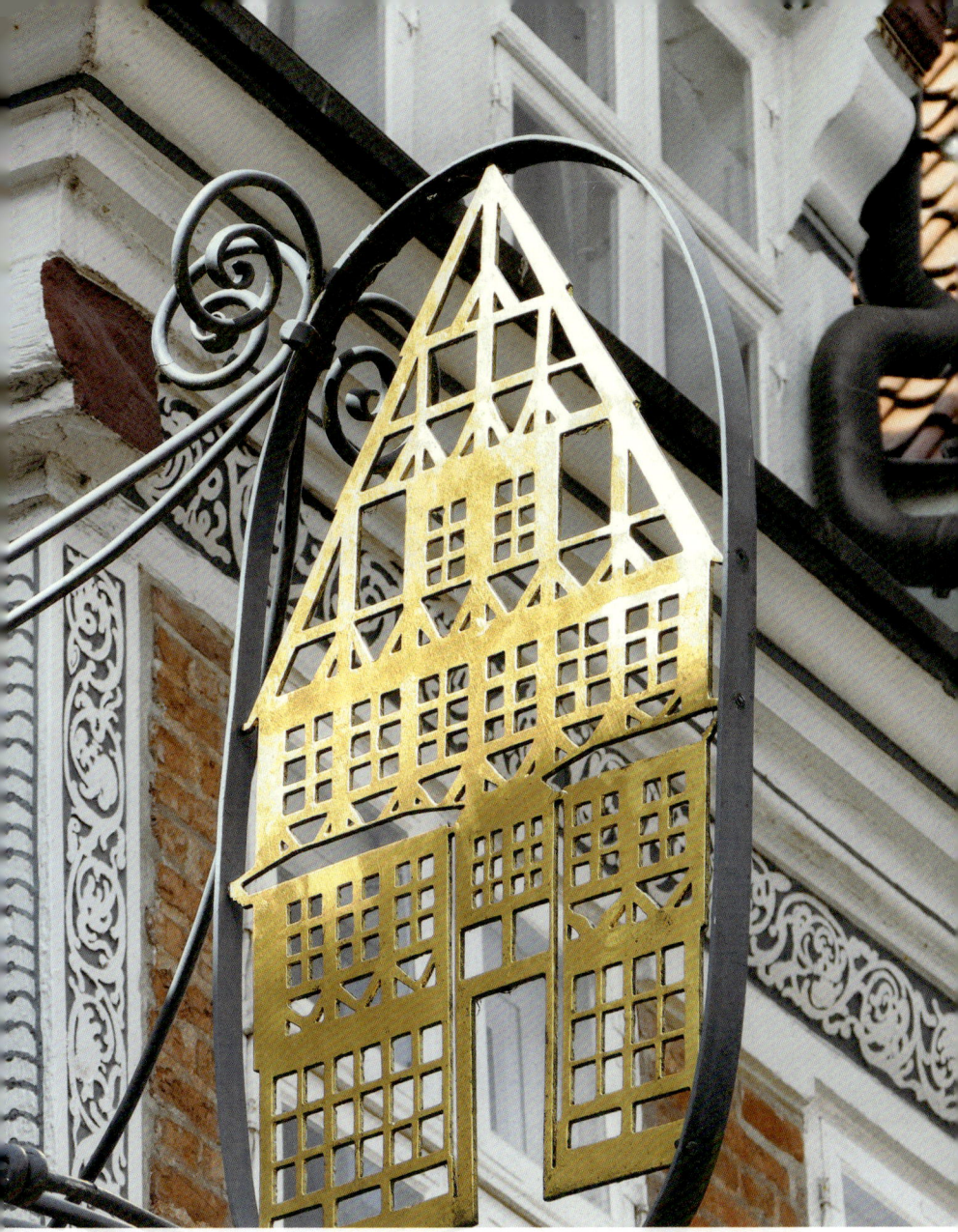

Adresse Hökerstraße 29, 21682 Stade | **Anfahrt** von der A26 (Ausfahrt Stade-Süd) halb rechts in die Harburger Straße, rechts in die Straße Hansebrücke, rechts auf den Salztorswall bis zum Stadthafen, großer Parkplatz, zu Fuß zur Altstadt, vom Fischmarkt in die Hökerstraße | **Öffnungszeiten** Café täglich 9–17.30 Uhr | **Tipp** 26 variierende Halbsonnen verzieren das Traufenhaus ums Eck aus dem Jahr 1590. Ein Gewandschneider war sein erster Besitzer (Bäckerstraße 1–3).

STADE

89_ Der Honigtopf
Im Tortenstück wohnen

Den alten Gasometer der Industriestadt Duisburg haben einfallsreiche Investoren in Europas größtes Indoor-Tauchbecken verwandelt. 14 Meter kann man sinken zu Flugzeug-, Schiffs- und Autowracks. Freizeittaucher treffen auf Berufstaucher von Polizei und Feuerwehr, die hier trainieren. Der Gasometer in der Nachbarstadt Oberhausen ist mit 117 Metern heute Europas höchste Ausstellungs- und Veranstaltungshalle. Die Künstler Christo und Jeanne-Claude haben hier für ihr Projekt »The Wall« eine Mauer aus 13.000 lackierten Ölfässern aufgeschichtet. Gasspeicher-Veteranen sind architektonische Zeugen einer vergangenen Zeit. Die meisten hat man abgerissen, ihren hohen kulturellen Wert zu spät erkannt. Wie glücklich muss sein, wer in einem solchen Asservat der Industriegeschichte sogar wohnen darf.

Auch der Gasometer am nordwestlichen Ufer der Schwinge sollte plattgemacht werden – rechtzeitig haben Denkmalschützer ihn auf ihre Liste gesetzt. Das hat Architekten zu Pionieren gemacht. In das 22 Meter hohe Stahlgerippe haben sie einen Glaskörper gesetzt. Über zwei Parkdecks sind auf sechs Etagen 36 exklusive Wohnungen entstanden. Zwischen 63 und 165 Quadratmeter groß, die Räume wie Kuchenstücke geschnitten. »Schöner wohnen in der Festtagstorte«, witzeln deshalb die einen. Für andere ist das Gebäude »das größte Honigglas der Welt«.

Der Honigtopf ist eines der Highlights der neuen Hafencity. Die Stadt hat Millionen investiert in neue Kaimauern, Straßen, Grünflächen. Private Investoren haben die zehnfache Summe in Wohn- und Bürokomplexe, ein Hotel und ein Kinocenter gesteckt. Auf der anderen Wasserseite entlang des Kommandantendeiches und des weiteren Verlaufs der Schwinge wechselnde Fassaden aus Elbsandstein, Glas und roten Klinkern. Gebäude, die den Wasserlauf überkragen, unterstreichen das maritime Flair. Motor- und Segelboote liegen am Kai, der neue Flaniermeile ist.

Adresse Harschenflether Weg 2/Stadthafen, 21682 Stade | **Anfahrt** von der A26 (Ausfahrt Stade-Süd) halb rechts in die Harburger Straße, rechts in die Straße Hansebrücke, rechts auf den Salztorswall bis zum Stadthafen, hier parken | **Tipp** Gegenüber stehen an der Rückwand des Museums Schwedenspeicher drei Flutkanonen. Mit ihnen hat man die Bürger vor Sturmfluten gewarnt. Zuletzt wurde in der Katastrophennacht 1962 geschossen. Daneben ein Gedenkstein für drei Retter, die damals im Einsatz ihr Leben verloren.

STADE

90 Die Insel
Man schlief im Schrank

Wer sich den Stadtplan genau ansieht, kann Umrisse der früheren Schwedenfestung Stade gut erkennen. Die heute abgetragenen Wälle waren fünf Meter hoch, ihre Krone viele Meter stark. Neun Bastionen ragten aus dem Festungswall hervor, einige sind erhalten geblieben. Davor sicherte ein 25 Meter breiter Burggraben die Stadt. Zusätzlich gab es vier sogenannte Ravelins, Verteidigungsbollwerke im Wasser. Das alte Bleicher-Ravelin ist heute eine Insel. Bevor die Schweden kamen, war hier eine Wiese, auf der die Menschen die Wäsche bleichten. Als die Festung bedeutungslos wurde und man sie schleifte, wurde aus der Insel zunächst eine Badeanstalt für Soldaten. Mit dem Kahn konnten sie übersetzen. Ein Kiosk hatte eine Schankerlaubnis. Ein Bauernhaus mit einem Giebel von 1641 und großzügigem Biergarten ist jetzt die Insel-Gaststätte.

Die Insel ist ein Freilichtmuseum mitten in der Stadt. Schon vor über hundert Jahren hat der Heimatverein ein Altländerhaus in Huttfleth abgebaut und hier neu errichtet. Über der Brauttür (siehe Ort 74) steht in goldener Schrift: »Johan Ropers / Catharina Adelheit Ropers / Anno 1733 / 8. April«. Sie waren die ersten Bewohner. Das Haus ist ein Eigenwohner-Wohnhaus, das Zuhause eines Kleinbauern mit wenig Grundbesitz. Durch die Blangendör gelangt man in das Flett, den Hauptwirtschaftsraum, und die Diele. Der Pferdestall, der Schafstall, die Milchkammer, der Herd und die Essecke – alles offen unter einem Dach. Die Stube für die Altenteiler und die Dönz, die Große oder Gute Stube, schließen sich an. Dort schliefen die Bewohner in Betten im Schrank. Über den Strohsäcken eine Kordel, an der man sich hochziehen konnte.

Vor dem Haus steht eine Prunkpforte, Statussymbol der reichen Bauern, das nicht ganz zum Arme-Leute-Haus passt. Aber das hier ist ja ein Museum. »Labor vincit omnia« ist einer der lateinischen Sinnsprüche auf der Puurte. »Arbeit überwindet alles.«

Adresse Auf der Insel, 21680 Stade, Tel. 04141/7977330 (Museum) | **Anfahrt** von der A26 (Ausfahrt Stade-Süd) halb rechts in die Harburger Straße, rechts in die Straße Hansebrücke, links in die Wallstraße, links in die Bahnhofstraße, rechts in die Straße Am Burggraben, über die 2. Brücke | **Öffnungszeiten** Museum Mai–Sept. Di–Fr 10–17 Uhr, Sa, So 10–18 Uhr | **Tipp** Die weiße Holzbrücke führt zur Inselstraße, diese zum Pferdemarkt. Er ist der historische Marktplatz. Noch heute ist hier der Wochenmarkt (Mi, Sa ab 8 Uhr). Sein Motto: »Lütten Klönschnack und mehr«. Die historische Post und das Zeughaus sind markante Gebäude.

91 Der lesende Mönch
Ein halbes Jahrhundert schreibt er an seinem Buch

Abt Albert ist versunken in ein Buch. Der gebeugte Kopf bleibt unter der großen Kapuze der Kutte verborgen. Mit dem linken Zeigefinger folgt der Ordensmann den Zeilen seiner Lektüre. Obwohl aus Bronze, wirkt die Figur lebhaft. Man würde sich nicht wundern, wenn der Mönch im nächsten Augenblick umblättert. Wenn er herumrutscht auf seinem Hocker und das Gewand sich in andere Falten legt. Carsten Eggers hat die Figur modelliert (siehe Ort 80). Kunstkritiker definieren die Plastiken des Bildhauers als »Ganzkörper-Porträts«.

Albert von Stade ist Anfang des 13. Jahrhunderts Prior des Marienklosters. Eine Benediktinerabtei, aber seine frommen Brüder führen in den Augen des Abtes ein zu lockeres Leben. Er reist nach Rom, um Papst Gregor IX. zu bitten, aus dem Ordenshaus ein Kloster nach den strengen Regeln der Zisterzienser machen zu dürfen. Der Papst erlaubt eine Klosterreform, aber die Mönche daheim drehen ihrem Abt eine Nase. Er sieht sich als gescheitert, verpflichtet sich fortan dem Armutsideal der Franziskaner im Kloster Sankt Johannis. Als Geschichtsschreiber macht er sich einen Namen. Über ein halbes Jahrhundert verfasst er in Latein die Weltchronik »Annales Stadenses«. Als Dialog zweier Klosterbrüder über die besten Pilgerwege nach Rom beschreibt er seine Reise zum Papst, führt viele andere persönliche Erlebnisse an und ergänzt diese mit damals verfügbaren Berichten. Das ist zwar zusammenhanglos, für Historiker aber wertvoll, weil Albert Quellen benutzte, die sonst verloren gegangen sind. Google hat die »Annales« als digitales Werk online gestellt.

Abt Albert hockt als lesender Mönch im Innenhof der alten Mauern von Sankt Johannis. Nach der Reformation hat sich der Konvent aufgelöst. Die dreiflügelige Anlage mit 60 Zimmern wurde als Armenhaus genutzt. Heute sind die Räume Büros. Die aufgemauerten Stützpfeiler vermitteln einen übersichtlichen Eindruck von der alten Klosterkirche.

Adresse Johannisstraße, 21682 Stade | **Anfahrt** von der A26 (Ausfahrt Stade-Süd) halb rechts in die Harburger Straße, rechts in die Straße Hansebrücke, rechts auf den Salztorswall bis zum Stadthafen, großer Parkplatz, zu Fuß in die Straße Beim Salztor, rechts in die Johannisstraße | **Tipp** Westlich fällt der achteckige Kirchturm von Sankt Cosmae et Damiani auf. Beim großen Stadtbrand 1659 schafften die Anwohner ihr Hab und Gut in die Kirche. Sie hofften, wenigstens das Gotteshaus würde der Feuersbrunst widerstehen. Vergebens.

STADE

92 Die Lichtenberg-Statue
»Das Volk ist faul, dumm und grob«

Stades Bürger haben Größe gezeigt, als sie dem Spötter Georg Christoph Lichtenberg ein Denkmal setzten. Schließlich hat der Professor für Philosophie und Mathematik die Menschen der Stadt übel beschimpft. »Das gemeine Volk ist hier faul, dumm und grob. Die meisten sogenannten Vornehmen sind nicht viel besser.« Das schrieb Lichtenberg in einem seiner 62 Briefe aus seiner Zeit in Stade. Der König hatte ihn in die Garnisonsstadt geschickt. Er sollte das Land vermessen, eine geografisch-astronomische Ortsbestimmung des zum Königreich Hannover gehörenden Stade vornehmen. Berühmt geworden ist Georg Christoph Lichtenberg (1742–1799) nach seinem Tod, als der Bruder dessen Aphorismen veröffentlichte. Lichtenberg hatte seine Gedankenblitze in den »Sudelbüchern« notiert. Sprüche wie diesen: »Der Amerikaner, der den Kolumbus zuerst entdeckte, machte eine böse Entdeckung.« Oder: »Ein Buch ist ein Spiegel. Wenn ein Affe hineinsieht, so kann kein Apostel herausgucken.«

An seiner Universität in Göttingen war Lichtenberg der Star. Albert Einstein ließ sich von Lichtenbergs Chaos-Theorien inspirieren. Das Mathematik-Genie Carl Friedrich Gauß und der Entdecker Alexander von Humboldt hingen als Studenten an seinen Lippen. Aber in Stade? Keine Akademiker und keine Schriftsteller in der Stadt, nur Soldaten und Kaufleute. Kein Platz für den Überflieger. Die Stader sollen argwöhnisch am Fenster gestanden und sein Tun mit Argwohn beobachtet haben. Vielleicht hat sie auch der extreme Kleinwuchs Lichtenbergs irritiert, der selbst unter seinem »elenden Körper« litt. Aber ob er so klein war, wie man ihn auf der Insel dargestellt hat?

Sechs Monate bleibt Lichtenberg 1773 in Stade. Er schreibt: »Es weht hier fast ständig ein unangenehmer Wind, der zuweilen mutwillig scherzt. Es gibt auch schöne Tage, sie sind aber selten. Vielleicht, weil sie die Leute nicht wert sind.«

Adresse Auf der Insel, 21680 Stade | **Anfahrt** von der A26 (Ausfahrt Stade-Süd) halb rechts in die Harburger Straße, rechts in die Straße Hansebrücke, links in die Wallstraße, links in die Bahnhofstraße, rechts in die Straße Am Burggraben, über die 2. Brücke | **Tipp** Die Bockwindmühle auf der Insel stammt aus dem Jahr 1547. Mit dem sogenannten Hausbaum ließ sie sich in den Wind drehen.

93 — Das Lukenhaus
Schaukasten großer und neuer Kunst

Der geschwungene Hansehafen gilt als der einzige Nordeuropas, der im Zustand des 13. Jahrhunderts erhalten ist. Er war immer quirlige Lebensader der Stadt. Heute sind Straßencafés und Wirtshäuser in ausdrucksstarker Kulisse die Anziehungspunkte, früher wurde am Hafenbecken Handel getrieben. Kornschiffer machten fest vor dem Haus Nummer 7, es überragt alle anderen in der Reihe der Fachwerkgiebel. Mit dem Flaschenzug wurden die Säcke zu den oberen Speichern gezogen. Kranbalken und Speicherluken sind noch aus jener Zeit. Die Etage darunter war Wohnraum. Nach einer Inschrift stammt die Fassade aus dem Jahr 1667, das Haus kann älter sein. Die Feuersbrunst vom Mai 1659, die zwei Drittel der Stadt zerstörte, hat diese Häuserzeile verschont. Im Krieg sind hier auch keine Bomben gefallen.

Das hoch gelegene Erdgeschoss, das wie ein erstes Obergeschoss anmutet, war ab der ersten Hälfte des vorvorigen Jahrhunderts Gastwirtschaft. Joseph Ernst Helms war vorher Kellner gewesen, jetzt war er Wirt. Nach seinem Tod lockte seine Witwe Kunden mit einem »Herren-Mittagstisch«. Ein Weinhändler, ein Restaurator und ein pensionierter Wachtmeister der Gendarmerie waren in den Folgejahren die Besitzer. Ab 1891 hieß die Wirtschaft »Altdeutsche Bierstube«. Man konnte Billard spielen. Später unterhielt die Wirtin Marie Bodlée die Gäste mit dem Grammophon.

Es kam zu mehreren Zwangsversteigerungen, mal war eine Ritterschaft Eigentümer, dann die Kirche. Im alten Kaufmannshaus wurden Konfirmanden unterrichtet. Die Musikschule zog ein, Kleinkinder hämmerten auf Xylophon und Trommel. Seit 2009 hat das museale Kleinod als Kunsthaus überregionalen Ruf. Ausstellungen mit Bildern von Salvador Dalí, Pablo Picasso, August Macke, Max Pechstein, Oskar Kokoschka, Jörg Immendorff fanden viel Beachtung. Gegenwartskünstler werden vorgestellt. Immer wieder sind Werke der Worpsweder Künstlerkolonie zu sehen.

Adresse Wasser West 7, 21682 Stade, Tel. 04141/7977320 | **Anfahrt** von der A26 (Ausfahrt Stade-Süd) halb rechts in die Harburger Straße, rechts in die Straße Hansebrücke, rechts auf den Salztorswall bis zum Stadthafen, großer Parkplatz, zu Fuß in die Straße Wasser West | **Öffnungszeiten** Di, Do, Fr 10–17 Uhr, Mi 10–19 Uhr, Sa, So 10–18 Uhr | **Tipp** Das Haus Wasser West 23 ist das Heino-Hintze-Haus. Der Bürgermeister und Reeder ließ sein Stadtdomizil 1621 mit der Zuckerbäckerfassade der Weserrenaissance verblenden.

94 Mutter Flint
Frischfisch aus dem Kinderwagen

Muschelberge türmen sich auf der Hutkrempe von Margarethe Flint. Dabei ist eigentlich nicht bekannt, dass sie eine Vorliebe für extravagante Kopfbedeckungen hatte. Für Leichtes, Verspieltes hat das Schicksal in ihrem Leben keinen Platz gelassen. Mühselig, entbehrungsreich ist es gewesen. Ein großrahmiger Kinderwagen mit hohen Speichenrädern war das Erkennungszeichen der Margarethe Flint. Nach unterschiedlichen Berichten hatte sie in das Gefährt eine Zinkwanne gesetzt oder es komplett mit Wachstuch ausgekleidet. Silbrig schimmernde Fische zappelten darin. So zog Margarethe Flint durch die Gassen zum Fischmarkt, um Stinte, Aale, Heringe oder Seezungen zu verkaufen. Genau dort, wo jetzt das Denkmal des Künstlers Frijo Müller-Belecke steht, die Muschelhut-Skulptur. »Mutter Flint mit dem Stint«, riefen die Kinder der Fischhändlerin nach.

Margarethe Pape, Tochter eines Fischers aus Steinkirchen, zieht als junge Mutter eines unehelichen Kindes nach Stade. In der Kleinstadt wird weniger geratscht. Sie bringt den Sohn und sich mit Gelegenheitsjobs als Schneiderin durch, heiratet insgesamt drei Mal, bekommt fünf weitere Kinder. Der erste Mann stirbt früh, der zweite verdrückt sich in die USA. Wieder auf sich allein gestellt, muss Margarethe die Kinder im städtischen Armenhaus unterbringen. In Ludwig Flint findet sie endlich einen treuen Ehemann. In der Poststraße gründet das Paar ein Fischgeschäft, später helfen auch die Enkel im Laden.

Aber ihre Touren mit dem Kinderwagen zum Markt gibt Margarethe Flint (1861–1952) nicht auf. Noch mit 87 Jahren rumpelt sie so übers Kopfsteinpflaster. Augenzeugen erzählen von Scharen von Katzen, die ihr folgten. Und davon, was man erleben konnte, wenn einem Kunden ein noch zappelnder Fisch, nur in ein Blatt Papier eingeschlagen, entglitt und auf den Boden fiel. Dann habe Mutter Flint sehr eindrucksvoll gezetert. Wie ein Fischweib.

Adresse Ecke Wasser West/Fischmarkt, 21682 Stade | **Anfahrt** von der A26 (Ausfahrt Stade-Süd) halb rechts in die Harburger Straße, rechts in die Straße Hansebrücke, rechts auf den Salztorswall bis zum Stadthafen, vom Parkplatz zu Fuß in die Straße Wasser West | **Tipp** Das Kramerhus an der Ecke Fischmarkt/Bungenstraße/Kehdinger Straße hat im 17. Jahrhundert einem Seidenhändler gehört.

STADE

95 Die Seminarturnhalle
Leibesübungen am offenen Fenster

Die Frau des Hausmeisters, der über der Turnhalle seine Wohnung hat, hat es nicht leicht. Im September 1923 schickt sie deshalb einen Beschwerdebrief: »Während wir beim Turnen der ›Alten Männerriege‹ nicht gestört werden, geht es beim Turnen der jüngeren Leute recht lebhaft zu, vor allen Dingen wird mit den Türen geschlagen. Unerträglich ist es aber an den Abenden, an denen die Damenriege turnt. Es stehen dann auch während des Turnens junge Leute auf der Straße, die sich durch die Fenster des Ankleideraums mit den Turnerinnen unterhalten.«

Die historische Seminarturnhalle ist heute Kulturspielstätte für kleine, feine Veranstaltungen. Ein Förderverein kümmert sich um ein Programm, »das Nähe zum Geschehen erlaubt, das ein unmittelbares Erleben ermöglicht, das Kultur greifbar macht«. Kleinkunst, Kabarett, Lesungen, Kammermusik – was auf 17 mal 12,5 Metern möglich ist! Die bald 160 Jahre alte Halle ist ein Kleinod in der Stadt.

Sport ist kein Mord. 1833 erkennt das der Direktor des Gymnasiums Athenaeum und legt dem Magistrat einen Plan zu »gymnastischen Übungen« seiner Schüler vor. Außerdem ist das Werfen von Stangen und Turnen an Barren und Reck vorgesehen. Vorerst in einer Ecke des Exerzierplatzes im Freien. Bald schon gründet sich ein Schul-Turnverein, darin eine Turner-Feuerwehr. Aber immer nur draußen? Man sucht ein »Local für das Turnen im Winter«, wenn es an Bewegung im Freien fehle. Der Bau einer Turnhalle ist schnell beschlossen, ein Geldschrankfabrikant greift unter die Arme. 1863 kann die Turnhalle an der Seminarstraße eingeweiht werden. Schulen und der Männer-Turnverein nutzen die Trainingsstätte. Als aber immer mehr Schulen eigene, großzügigere Turnhallen haben, können die Betriebskosten nicht mehr erwirtschaftet werden. Man muss notverkaufen an die Stadt. Inklusive der Geräte: »Zwei Barren, sieben Sprungbretter, ein Springtau, 71 kleine Hanteln«.

Adresse Seminarstraße 7, 21682 Stade | **Anfahrt** von der A26 (Ausfahrt Stade-Süd) halb rechts in die Harburger Straße, rechts in die Straße Hansebrücke, rechts auf den Salztorswall bis zum Stadthafen, großer Parkplatz, zu Fuß in die Straße Beim Salztor, links in die Seminarstraße | **Öffnungszeiten** Veranstaltungen unter www.seminarturnhalle-stade.de | **Tipp** Die drei Meter dicken Mauern des Kirchturms von Sankt Wilhadi schräg gegenüber arbeiten. Der Turm ist oben breiter als am Sockel. Statisch soll das unbedenklich sein.

STADE

96 — Der Spiegelberg
Was macht der Haufen mitten in der Stadt?

Egal, von welcher Seite man auf den Spiegelberg steigt, ob über die Baumhausstraße, den Weg Säbelberg, die Bürgerstraße oder die Burgstraße vom Fischmarkt aus – es geht steil bergauf. Holprig sind die Wege, mit grobem Kopfsteinpflaster ausgelegt. Neuere und alte und sehr alte windschiefe Klinkerhäuser mit Wohnungen und Büros reihen sich an den Gassen. Alle führen zu einem Platz oben auf dem Spiegelberg. Na ja, mit elf Meter Höhe ist er eher ein Hügel. Aber auf geringer Grundfläche, deshalb ist es so steil. Man fragt sich: Was macht solch ein Haufen mitten in der Stadt?

Erzählt wurde immer viel. Jüngere stadtarchäologische Untersuchungen haben mehr Gewissheit gebracht. Die Wissenschaftler haben vom Scheitel des Bergs Sondierungsschächte tief ins Erdreich getrieben. Vom Grund Holzreste einer Faschine zutage gefördert. Diese Reisigbündel hat man vor langer Zeit beim Anlegen von Böschungen und im Wasserbau gegen Erosionen eingesetzt. Radiokarbon-Analysen ergaben, dass die Holzsplitter auf das Ende des 10. Jahrhunderts zu datieren sind. Von einer frühen Burganlage sollen sie stammen, von einem Wall aus Holz und Erde.

Man geht heute davon aus, dass zuerst Edelmänner vor über tausend Jahren ihren Herrschaftssitz von Harsefeld nach Stade verlegt haben, das neue Zentrum der Region. Durch immer neue Aufschüttungen ist der Burgberg über die Jahrhunderte mehr und mehr in die Höhe gewachsen. Ob die Burg rund oder oval gewesen ist, darüber sind sich die Forscher nicht einig. Um das Jahr 1236 soll man sie aufgegeben haben, später haben schwedische Besatzer den Spiegelberg als Befestigungsanlage genutzt. Der Berg hat einmal bis an das Becken des heutigen Stadthafens gereicht. Als dieses gegraben und später die Hansestraße angelegt wurde, hat man den Berg auf großer Länge und in der Breite abgebaggert. Eine Betonmauer wurde hochgezogen, die ihn stützt. Leider haben keine Archäologen die Bauarbeiten begleitet.

Adresse Spiegelberg, 21682 Stade | **Anfahrt** von der A26 (Ausfahrt Stade-Süd) halb rechts in die Harburger Straße, rechts in die Straße Hansebrücke, rechts auf den Salztorswall und die Hansestraße bis zum Stadthafen, großer Parkplatz, gegenüber in die Straße Wasser Ost, links in die Baumhausstraße | **Tipp** Bei den Toiletten an der Ecke Hansestraße/Wasser Ost beginnt der Höhenfußweg An der Burgbastion. Man hat einen guten Überblick über den Stadthafen und die neue Hafencity.

97 __ Der Stade Beach
Maritime Entspannungszone

Natürlich war es streng verboten, aber das hat Lausbuben nicht aufhalten können: Über die Baumstämme zu balancieren, die im Wasser trieben, galt als Herausforderung. Dass die Stämme dabei rotierten, war der besondere Kick. So mancher Fuß soll gequetscht worden sein. Damals gab es in der Salztorsvorstadt noch die Holzhandlung und Dampfsägerei Hagenah & Borcholte. Aus Skandinavien holte sie ihr Holz, ließ die Bäume über die Elbe und die Schwinge in den Stadthafen transportieren. Ein Kran, der die Schiffe entlud, steht noch immer vor dem Hafen-Hotel. Durch die Salztorsschleuse hat man die Stämme in den Festungsgraben südlich des Stadthafens bugsiert. Oft lagen sie jahrelang im Wasser, bevor sie verarbeitet wurden. Dieser Teil des Burggrabens bis zur Güldenstern-Bastion wird deshalb heute noch Holzhafen oder Floßhafen genannt.

Hier ist der neue Sommer-Hotspot nicht nur für junge Leute. Der Stade Beach ist ein Rasenstrand mitten in der Stadt. Sogar die Tourismus-Verantwortlichen schwärmen, als würden sie die Location selbst betreiben: »Der perfekte Ort für einen entspannten Feierabend am Wasser, für die schnelle Erfrischung bei einem Stadtbesuch oder als spontaner Ausbruch aus dem Stress und der Hektik des Alltags.« Zwei Jungunternehmer haben das Ufer- und Gartengrundstück neben dem alten Garnisonshaus mit Möbeln in Paletten-Bauweise, mit Liegestühlen, Sternpavillon und Bierbänken zur maritimen Entspannungszone gemacht. Sie vermieten Kajaks und Kanus sowie Boards fürs Stand-up-Paddling, eines im XXL-Format für bis zu zehn Personen. Auch wasserdichte Smartphone-Taschen kann man leihen. Der »Barbecue-Donut« verspricht ein »Grillerlebnis auf dem Wasser«.

Wer will, kann für sich und die Freunde gleich die ganze Liegewiese buchen. Bei Getränkepreisen, die sich auch junge Leute leisten können. Ein Flens für zweieinhalb Euro, die Bionade für zwei, einen Cocktail für fünf.

Adresse Salztorswall 8, 21682 Stade, Tel. 0151/65102749 | **Anfahrt** von der A26 (Ausfahrt Stade-Süd) halb rechts in die Harburger Straße, rechts in die Straße Hansebrücke, rechts auf den Salztorswall | **Öffnungszeiten** Juli–Mitte Aug. Mo–Fr 14–19 Uhr, Sa, So und Feiertage 10–19 Uhr, Mitte Aug.–Mitte Okt. Mi–Fr 14–19 Uhr, Sa, So und Feiertage 10–19 Uhr | **Tipp** Rechts neben dem Stade Beach liegen Hausboote im Wasser.

STADE

98 Der Tretkran
Windenknechte mussten sich plagen

Man kann dies nur einen wirklichen Scheißjob nennen. Das ist die Situation: Wir stellen uns ein frei drehendes, überdimensioniertes Hamsterrad vor, in diesem Fall mit 4,40 Metern Durchmesser. Um seine Achse ist ein robustes Seil gewickelt, das über Rollen zu einem Kranausleger führt. Das hölzerne Rad hat an seinem äußeren Rand Trittleisten, die ein Rutschen verhindern sollen. Menschen laufen in diesem Rad. Zuerst in die eine, dann in die andere Richtung. Sie wickeln so das Seil auf oder ab. An seinem anderen Ende hängen am Kran Getreidesäcke oder Paletten mit Ziegelsteinen. Nur mit ihrer Beinkraft heben die Radläufer Gewichte von bis zu zweieinhalb Tonnen aus einem Schiffsbauch oder versenken die Waren darin. Krantreter, Kran- oder Windenknechte war die Berufsbezeichnung der Männer.

Um eine Last auf vier Meter anzuheben, mussten sie etwa 60 Meter laufen. Dann das Rad in dieser Position halten, wenn der Kran geschwenkt werden sollte. Auch das Ablassen war gefährlich, wenn das Eigengewicht die Last nach unten zog. Nicht selten sind die Krantreter dann in den Rädern im wörtlichen Sinn ins Schleudern gekommen. Von schweren und auch tödlichen Verletzungen wird berichtet. Zehn bis zwölf starke Männer waren nötig, um einen solchen Tretkran zu bedienen. Zu den Krantretern kamen die Kranschwenker und die Kranhelfer, welche die Lasten an- oder abhakten. Die Männer lösten sich ab. Organisiert waren sie in der Auflader-Zunft.

Der erste Tretkran hat schon 1337 an der Kaimauer des Hansehafens gestanden. Sein Laufrad zum Antrieb des Hebegeschirrs war außen angebracht. 1661 wurde ein neuer gebaut, 15 Meter hoch und mit zwei Rädern im Inneren. 1898 hat man ihn abgebrochen. Er sah genauso aus, stand an derselben Stelle wie der Tretkran jetzt. Auf Initiative des Rotary Clubs, mit vielen Spenden und Hilfe der Bundeswehr wurde er rekonstruiert.

Adresse Fischmarkt, 21682 Stade | **Anfahrt** von der A26 (Ausfahrt Stade-Süd) halb rechts in die Harburger Straße, rechts in die Straße Hansebrücke, rechts auf den Salztorswall bis zum Stadthafen, großer Parkplatz, zu Fuß über die Straße Wasser Ost zum Fischmarkt | **Öffnungszeiten** April–Okt. Mo–So 9–17 Uhr | **Tipp** Alles, was angelandet wurde, war in der Stadtwaage zu wiegen und zu verzollen. Heute residiert im Erdgeschoss ein seit über 300 Jahren tätiges Weinhandelshaus (Fischmarkt 10).

STADE

99_Der Willi
Fotogene Hafen-Diva

Als vorne am Bug eine Gummipuppe mit Haifischkopf in ein Holzgerüst eingesperrt war und man am Mast ein Mumin strangulierte, ein nilpferdähnliches Trollwesen aus Skandinavien, da war der Willi ein noch beliebteres Fotomotiv. Die Figuren waren Teil einer Installation, die auf eine Ausstellung der Künstler Jonathan Meese, Daniel Richter und Tal R im nahen Kunsthaus (siehe Ort 93) aufmerksam machte. Aber auch ohne kindsköpfigen Schnickschnack ist der Willi der Star im Hansehafen. Er ist ja auch das einzige Schiff.

Der historische Hafen war früher Tidehafen, über Schwinge und Elbe mit den Gezeiten verbunden. Im Februar 1962 war das ein Unheil. Die Jahrhundertflut setzte den Nordteil der Altstadt unter Wasser. Damit das nicht wieder passiert, baute man ein Wehr, über das jetzt die Hansestraße führt, hängte den Hansehafen vom Stadthafen und den Flüssen ab. Aber eine Hansestadt ohne Schiff im Hafen? Kein maritimes Flair? An den jahrhundertealten Kaianlagen nur Kübel mit Begonien und Petunien als Deko? Das haben die Stader als »zu bayerisch« empfunden.

Sponsoren taten sich zusammen. Sie konnten den sogenannten Giek-Ewer Willi kaufen, 1926 vom Stapel gelaufen. Das Flachbodenschiff mit Segeln und Deutz-Zweitakt-Diesel war für den Einsatz in seichten Gewässern gebaut, hatte im Gebiet der Binnenelbe Frachten geschleppt. Ein mächtiger Autokran hat Willi in das Hafenbecken gehoben.

Viele Bürger wünschen, dass er da nicht bleibt. Dass der restaurierte und fahrtüchtige Ewer den Hafen irgendwann aus eigener Kraft wieder verlässt. Sie plädieren für eine Öffnung des historischen Hafens. Für eine Klappbrücke statt der starren Straßenbrücke über der Schleuse, die Schiffsverkehr zwischen dem Hansehafen und dem Stadthafen wieder möglich machen würde. Der Ewer ist ständige Mahnung für eine solche Wiederbelebung. Einen Slogan hat man schon: »Willi will auch wieder raus.«

Adresse Hansehafen, Höhe Haus Wasser West 7, 21682 Stade | **Anfahrt** von der A26 (Ausfahrt Stade-Süd) halb rechts in die Harburger Straße, rechts in die Straße Hansebrücke, rechts auf den Salztorswall bis zum Stadthafen, großer Parkplatz, zu Fuß in die Straße Wasser West | **Tipp** Für Instandsetzungsarbeiten hat man das Hafenbecken vor 30 Jahren ausgebaggert. Die Archäologen jubelten. Schmuck, Waffen, Münzen – 200.000 Einzelfunde aus der Stadtgeschichte kamen zutage. Viele sind im Schwedenspeicher zu sehen (Wasser West 39, geöffnet Di–Fr 10–17 Uhr, Sa, So 10–18 Uhr).

STADERSAND

100 Der Elbblick
Wissenswertes mit Bernd Thiele

Bernd Thiele versteht sich darauf, sein Publikum zu unterhalten. Schließlich war er jahrzehntelang als Bar-Pianist auf Schiffen unterwegs, vor Nord- und Westafrika, im Amazonasgebiet, in der Karibik. Jetzt spielt er perfekt auf der Klaviatur der Dönekes und anderer Geschichten, klimpert auf der Tastatur seines Computers, mit dem er Schiffsdaten abfragen kann. »Von links kommt hinter dem Schwarztonnensand die MOL Trust hervor, eines der größten Schiffe der Welt«, erzählt er. »400 Meter lang, 60 Meter breit. 20.000 Container kann es schleppen.« Der Frachter einer japanischen Reederei, in Südkorea gebaut, hat 17.000 Kilometer hinter sich, war 37 Tage unterwegs. Er pendelt auf der Route Ostasien–Europa, ist im chinesischen Tianjin gestartet, war in Nantong, Shanghai, Shenzhen, Hongkong, Macao, Port Said, Rotterdam und steuert nun Hamburg an. Bernd Thiele liefert noch mehr zum Amüsement und Gedankenaustausch. In jedem der Container könne man 500 Waschmaschinen, 13.000 Jeans oder 80.000 Damenschuhe unterbringen. Waren für eine Milliarde Dollar seien an Bord. »In der Stunde verbrennt der Kahn 9.200 Liter Schweröl oder Schiffsdiesel. Am Tag pustet er so viel Dreck in die Luft wie 48 Millionen Autos.« Da wird es still im Publikum.

Der informative Unterhaltungskünstler Thiele ist jeden Mittwoch und Freitag der Schiffe-Ansager im Elbblick. Die Lokalzeitung hat das Restaurant und Café am Elbufer »ein großzügiges Gartenhäuschen« genannt, tatsächlich ist es ein Panorama-Lokal, an drei Seiten bodentief verglast und mit Terrasse davor. Einst hat hier die mit Reet gedeckte Elbkate gestanden und schon damals zum Nachmittagskaffee gelockt. Selten fahren dicke Pötte so dicht am Ufer wie hier. Ein früherer Bürgermeister von Stade meinte, der Stadersand sei der Ort, wo seine Bürger die Freiheit atmen.

Kommt mal kein Schiff, erzählt Bernd Thiele, ein U-Boot fahre gerade vorbei.

Adresse Stader Elbstraße 1, 21683 Stade-Stadersand, Tel. 04141/794641 | **Anfahrt** von der A26 (Ausfahrt Stade-Ost) Richtung Drochtersen/Wischhafen, nach der Schwingequerung rechts (Stadersand ist ausgeschildert) | **Öffnungszeiten** März–15. Nov. Mo–Sa 11.30 Uhr »bis es dunkel ist«, So ab 11 Uhr, Mitte Jan.–Feb. Sa, So ab 11 Uhr | **Tipp** Schräg rechts gegenüber auf der anderen Elbeseite steht der alte Leuchtturm Juelssand. Kapitäne, die Hamburg zum ersten Mal anlaufen, halten ihn wegen seiner Bauweise oft für eine Kirche. Der Turm ist in Privatbesitz.

STADERSAND

101 Die Liinsand
Ohne Stau zum Fischmarkt

Graffito-Künstler Leo Cordes hat die Spundwand unterhalb des Lokals Elbblick (siehe Ort 100) neu bemalt. Der Wandgestalter hat im öffentlichen Auftrag auf etlichen Metern Beton ein Bild der Unterelbe inszeniert. Europas höchste Strommasten auf Lühesand (siehe Ort 107) und am Elbufer sind markante Punkte. Die Liinsand, ein Katamaran mit Oberdeck, steuert auf den Betrachter zu. Benannt ist das Schiff nach einer Sandbank zwischen Amrum und Föhr. Es war zuletzt zwischen den nordfriesischen Inseln und den Halligen als Wattentaxi unterwegs.

Wenn die Kapitäne Stefan Habeck und Jörn Bolz richtig Schub geben, steigt der Doppelbug der neuen Elblinien-Fähre. Mit 16 Knoten, das ist Tempo 30, pflügt das Schiff dann durchs Wasser. Da ist man noch nicht im Geschwindigkeitsrausch, es macht aber eine ordentliche Welle. Wegen des Schwells muss der Käpt'n in Hafennähe auf zehn Knoten reduzieren. Bislang gab es über die Elbe die Verbindungen vom Lüheanleger zum Schulauer Fährhaus in Wedel und von Cranz nach Hamburg-Blankenese. Die Liinsand startet am Stadersand, macht einen Stopp am Willkomm-Höft in Schleswig-Holstein, Endstation ist der Hamburger Fischmarkt in Altona. Hundert Minuten dauert die Fahrt. In der Kabine ist Beinfreiheit wie in der Businessclass. Der Hybrid-Katamaran fährt nach Angaben der Reederei emissionsarm auf der Elbe und in den Häfen mit Batteriekraft emissionsfrei. Die Batterien werden bei Volllast neu geladen.

Die neue Elblinie zwischen den Hansestädten kann attraktiv sein für Pendler, die in Hamburg arbeiten oder bei Airbus in Stade. Vom Anleger fährt ein Bus. Man hofft auch auf Hamburg-Touristen, die einen Ausflug ins Alte Land machen wollen. Platz für Fahrräder ist an Bord. Mit dem Elbe-City-Jet hat es schon mal eine Verbindung gegeben, sie wurde 2008 eingestellt. Mitte des 19. Jahrhunderts ist der Raddampfer Gutenberg von Stade nach Hamburg getuckert.

Adresse Anleger Stadersand, 21683 Stade-Stadersand | **Anfahrt** von der A26 (Ausfahrt Stade-Ost) Richtung Drochtersen/Wischhafen, nach der Schwingequerung rechts (Stadersand ist ausgeschildert), bis zum Ende der Stader Elbstraße | **Fährzeiten** Mo–So 9.55, 13 und 17 Uhr (ab Stadersand); 10.45, 14.45 und 18.45 (ab Hamburg-Fischmarkt) | **Tipp** Flussabwärts liegt der Industriehafen Stade-Bützfleth. Bauxit für ein Aluminiumwerk wird angelandet, Dow Chemical exportiert von hier seine Produkte. Aus Irland kommt Müll.

102 Die Schwingemündung
Was passierte an Bord des Lotsenschoners?

Ein Anblick zum Weinen! Nur die weiße Steuerbordseite des stolzen Lotsenschoners No. 5 Elbe ragt aus dem Wasser. Der Großmast ist gebrochen, die Takelage heruntergerissen. Die No. 5 Elbe ist Hamburgs letztes Schiff aus der Ära des Holzschiffbaus, 1883 vom Stapel gelaufen. Über 30 Jahre hat der Gaffelschoner Lotsen in der Elbmündung versetzt. Später war er das Zuhause des US-Abenteurers Warwick Tompkins. 13 Mal hat das 37-Meter-Schiff den Atlantik überquert, die Stürme von Kap Hoorn überstanden. Zurück in Deutschland war das Museumsschiff auch Ausflugsboot. Jetzt stehen die Kupferplanken des Schiffsbodens grotesk ab wie zerknülltes Papier. Die zentimeterdicken Eichenplanken darunter sind eingeknickt wie die Schale eines aufgeschlagenen Eis.

Was ist passiert? Im Sommer 2019 kreuzt der Traditionssegler mit 15 Mann Besatzung und 28 Gästen auf der Elbe. Kapitän ist ein 82-Jähriger, früher selbst Lotse, erst vor Kurzem hat er noch einmal die Eignungsprüfung abgelegt. Die Skipper hören die Warnrufe des Containerschiffes Astrosprinter nicht. Ein Video zeigt, wie Menschen die Pinne des Seglers nach Backbord schieben. Der Segler steuert so direkt vor den Bug des Frachters. Wurde ein Kommando falsch verstanden? Bei Pinnensteuerung erreicht man die geforderte Richtung, indem man die Pinne in die entgegengesetzte Richtung drückt. Wer nach Backbord will, muss nach Steuerbord schieben. Der Frachter rammt No. 5 Elbe. Lebensretter, zufällig auf der Elbe, bergen alle 43 Passagiere, schleppen den Havaristen in die Schwingemündung.

Die Schwinge, 29 Kilometer lang, ergießt sich bei Elbkilometer 655 in den großen Strom. Vom Spätmittelalter bis in die 1950er Jahre haben Flachbodenschiffe im Güterverkehr von hier aus Stade angesteuert. Bis dahin ist die Schwinge schiffbar. Sport- und Ausflugsboote nutzen das. Sie passieren das Schwingesperrwerk, das bei Sturmfluten schützt.

Adresse Stader Elbstraße, 21683 Stade-Stadersand | **Anfahrt** von der A26 (Ausfahrt Stade-Ost) Richtung Drochtersen/Wischhafen, nach der Schwingequerung rechts (Stadersand ist ausgeschildert) | **Tipp** In Sichtweite: die Ruine des Atommeilers Stade, 2003 stillgelegt. Die Anlage hat 150 Millionen Euro gekostet. Für den Rückbau bis 2023 wird mit einer Milliarde kalkuliert.

STEINKIRCHEN

103 — Das Kabinett des Reeders
Er verschiffte die Ariane-Raketen

Hans Heinrich war ein großzügiger Mäzen. Wann immer Unterstützung gebraucht wurde für soziale oder kulturelle Projekte, ließ Hans Heinrich sich nicht lumpen. Sein Schifffahrtskontor Altes Land (SAL) war der größte Gewerbesteuerzahler in dem 1.600-Einwohner-Ort Steinkirchen. Als die Reederei – inzwischen verkauft an das japanische Unternehmen K-Line – 2012 umzog nach Hamburg, musste die Gemeinde wirklich schwer schlucken. In Steinkirchen hat der Reeder an der Straße Bürgerei im Ortskern viel Geld in die Sanierung historisch wertvoller Beispiele Altländer Baukunst gesteckt. Hans Heinrich war auch Visionär.

Vor 40 Jahren übernehmen er und Bruder Claus das Unternehmen des Vaters. Sie wollen es etwas größer, keine Fluss- und Küstenfrachter bereedern. Sie setzen mit vollem Risiko auf Heavy Lift, auf internationale Schwergutschifffahrt. Hans und Claus Heinrich lassen Schiffe bauen mit eigenem Ladegeschirr an Bord. Zunächst können die Kräne 300 Tonnen heben. Zeitweise sind 20 Schiffe für die Reederei unterwegs. Auf den beiden letzten Heavy Liftern, die Hans Heinrich in Auftrag gibt, schaffen die beiden Kräne zusammen 2.000 Tonnen. Das ist damals Weltrekord. Die Schiffe gelten als der Mercedes der Branche. Hans Heinrich lässt made in Germany bauen, auf der Sietas-Werft in Neuenfelde im Alten Land. Die Schiffe sind dafür ausgelegt, Zubehör für die weltweite Offshore-Industrie zu schleppen. SAL übernimmt auch den Transport der Ariane-Raketen zum Weltraumbahnhof Kourou in Guayana.

Im Sachsenwald entdeckt Hans Heinrich (1946–2013) vor Jahren ein verfallendes Stellwerkhäuschen. Lässt es nach Steinkirchen auf den Elbdeich schaffen und liebevoll restaurieren. Kabinett, Rückzugsort, soll es ihm sein. Schwere braune Ledersessel laden zum Sitzen ein, Schiffsmodelle und ein Teleskopfernrohr auf den Fensterbrettern. Ein freundlicher Pirat, eine Galionsfigur, gefällt Hans Heinrich als Zierde.

Adresse Johann-Ropers-Trift/Pionierplatz, 21720 Steinkirchen | **Anfahrt** von der A7 (Ausfahrt Hamburg-Waltershof) Richtung Finkenwerder/Cranz und Jork/Stade, am Ende der Straße Mojenhörn rechts, wieder rechts | **Öffnungszeiten** von außen anzuschauen | **Tipp** Das »Quatze-Ruder« an der Boulebahn vor dem Kabinett ist über drei Meter hoch. Es war das Ruder eines Kutters, der auf Gelbsand in der Elbmündung gestrandet ist. Die Besatzung wurde gerettet, das Schiff ging verloren.

STEINKIRCHEN

104 Die Klappt-nicht-Brücke
Reminiszenz an die Kolonisten

Ausflugsziel ist das Alte Land auch vor hundert Jahren schon gewesen. Eine Verkehrszählung verzeichnet für einen Mai-Sonntag vor 90 Jahren »42 Autobusse und ähnliche Wagen« auf der Fahrbrücke, die Steinkirchen mit Mittelnkirchen verbindet. Das dürften kaum weniger als heute gewesen sein. Außerdem wurden 44 Pferdewagen, 9.019 Autos, 47 Lastfahrzeuge, 1.119 Motorräder, 1.634 Fahrräder und 7.807 Fußgänger gezählt. Die Brücke über die Lühe ist damals eine Zugbrücke gewesen, vorher war es eine feste Querung aus Holz, die erstmals im 14. Jahrhundert als »brede brughe«, als breite Brücke, erwähnt wurde. Aber die Obstbauern und Schiffer bestanden auf eine bewegliche Brücke, die zu jeder Zeit vom Brückenwärter geöffnet werden konnte. Das machte sie mit ihren Frachtenseglern unabhängig von der Tide, wenn sie ihre Waren nach Hamburg bringen wollten. Nach einer Sturmflut im Oktober 1936 hat man die Klappbrücke noch einmal ausgebessert. Am Ende des Zweiten Weltkriegs haben deutsche Soldaten sie gesprengt. Ihr Nachfolger, an den Verkehr angepasst, ist aus Stahl und Beton.

Die Hogendiekbrücke (Hoher-Deich-Brücke) einen Kilometer flussabwärts ist für Fußgänger und Radfahrer gemacht. Die typische Holländerbrücke ist Reminiszenz an die alte Klappbrücke und die Zeit der Kolonisten. Die erste Hogendiekbrücke wurde 1975 gebaut. Vor wenigen Jahren hat man sie durch einen Neubau ersetzt. Man sieht es ihr nicht an, aber die malerische Holzbrücke ist starr, lässt sich nicht klappen. Lastensegler kommen heute keine mehr, Motorboote passen durch, und Sportsegler haben ihre Liegeplätze weiter nördlich.

Flussaufwärts verbindet die Ziegenbrücke die Orte Guderhandviertel und Neuenkirchen (Höhe Haus Altenschleuse 37). Auch sie ist nur für Fußgänger und Radler gemacht. Schon im 17. Jahrhundert war hier eine Schleuse mit Steg. Den Namen der Brücke kann keiner mehr erklären.

Adresse Am hohen Deich/Bürgerei, Höhe Haus Nummer 43, 21720 Steinkirchen | **Anfahrt** von der A7 (Ausfahrt Hamburg-Waltershof) Richtung Finkenwerder/Cranz und Jork/Stade, von der Straße Elbdeich links in den Kirchenstieg, links auf den Obstmarschenweg bis zur Straße Bürgerei, auf der linken Seite | **Tipp** Garteneinblick und Sportboote gucken: 800 Meter schöner Weg über die Deichkrone bis zur Ortsmitte.

STEINKIRCHEN

105 Der Mühlenweg
Im Garten Eden

Tatsächlich hat hier einmal eine Windmühle gestanden. Ein stattlicher Bau. Ein Foto im Archiv der Samtgemeinde Lühe zeigt einen wuchtigen achteckigen und zweigeschossigen Ziegelbau als Sockel, umstellt von jungen Bäumen. Durch große Sprossenfenster gelangte viel Licht auf den Mühlenspeicher. Von der Speichertür in der ersten Etage führte eine Rutsche nach unten. So ließen sich die frisch befüllten Mehlsäcke zügig verladen. Das Bild ist undatiert, aber man darf vermuten, dass es in den ersten Jahren der Fotografie gegen Ende des 19. Jahrhunderts entstanden ist. Auf dem Sockel ist eine Holländermühle mit umlaufender Galerie errichtet. Bei dieser dreht man nur die obere, bewegliche Kappe mit den Flügeln in den Wind. Vorgängerbauten waren Bockwindmühlen – das gesamte Mühlenhaus, auf einen einzelnen Pfahl gelagert, musste je nach Windeinfall mit viel Kraft neu ausgerichtet werden.

Mindestens seit 1603 hat sich in Steinkirchen eine Mühle gedreht. Im Sechszehnpfennig-Schatzregister aus jenem Jahr hat man zur Berechnung der Steuer den Hof von Peter Daberhall geschätzt. Dort ist notiert: »47 Morgen Landt, 12 Bargroden (Rutenberge), 10 Pferde, 7 Kühe, 5 Ochsen, 7 Schweine, 1 Spyker (Kutsche). Noch stehet auff Daberhalls Lande eine Windtmühle.« Viele Müllermeister betrieben die Mühle. Um 1876 brannte sie nieder, die Kappenwindmühle wurde gebaut. Bis 1929 war sie Wahrzeichen Steinkirchens. Ein Wohnhaus bei der Mühle gab es nie. Die Müller sollen andernorts Mieter gewesen sein.

Von der Mühle ist nichts mehr zu sehen, den Mühlenweg gibt es noch. Von der Straße Bürgerei führt er zunächst geradeaus. Nach tausend Metern geht es bei einer Baumgruppe nach rechts, hier kommen nur noch Spaziergänger und Radfahrer durch. Durch Obstplantagen jetzt weiter auf die Elbe zu. Endlos ist der Blick durch die Baumreihen. Im Frühjahr weiß-rosa strahlend, im Spätsommer mit leuchtenden Früchten dicht behangen.

Adresse Ecke Mühlenweg/Bürgerei, 21720 Steinkirchen | **Anfahrt** von der A7 (Ausfahrt Hamburg-Waltershof) Richtung Finkenwerder/Cranz und Jork/Stade, am Ende der Straße Mojenhörn links in die Straßen Huttfleth, Obstmarschenweg und Bürgerei | **Tipp** Der Weg führt vorbei an einem sehr gepflegten Park mit Teichen, Wasserläufen, Brückchen und Skulpturen. Die Reeder Hans und Claus Heinrich (siehe Ort 103) haben ihn als Erholungsraum für ihre Mitarbeiter anlegen lassen. Leider darf man ihn nicht betreten.

STEINKIRCHEN

106 Der Priester Heinrich
Siedler teilten das Land in drei Meilen

Früher war das Alte Land versumpftes Marschengebiet. Mit Bruchwald bewachsen, Sietlande genannt. Amphibien fühlten sich hier wohler als der Mensch. Die Sietlande waren den Kräften der Gezeiten von Nordsee und Elbstrom ausgesetzt. Sie galten als unbewohnbar. Bis im Jahr 1113 die Holländer kamen, an der Spitze der Delegation »Heynricus und seine Gefährten«. Mit ihnen hatte der Erzbischof einen Vertrag ausgehandelt. Sie sollten das Elbesumpfland trockenlegen und urbar machen.

Die tapferen Männer und ihre Familien kamen aus der Gegend zwischen Leiden und Amsterdam. Ein schon im 11. Jahrhundert kultiviertes Moorgebiet, in den Niederlanden bekannt als das »Groene Hart«, das grüne Herz. Die Siedler waren Deichbauer und Entwässerungsspezialisten. Ihr Sprecher war Priester Heinrich, Mönch im Orden der Benediktiner. Die Kolonisten schaufelten Gräben, bauten Dämme, entwässerten das Land von West nach Ost. Dafür teilten sie die Region in drei Meilen auf, der Begriff hat aber nichts mit dem Längenmaß Meile zu tun. Orientierungspunkte waren die drei Flüsse Schwinge, Lühe und Este, die nahezu im rechten Winkel auf die Elbe stoßen und in diese münden. Die erste Meile reicht von der Schwinge bei Stade bis zur Lühe, die zweite von der Lühe bis zur Este, die dritte von hier bis zur Süderelbe. Sie war die letzte Meile, die im 15. Jahrhundert kultiviert werden konnte. Die Siedler hatten für den Grund nur einen symbolischen Zins zu zahlen, einen Silberpfennig. Sie mussten zudem »die Abgabe des Zehnten vom Honig gehorsam für die Kirche beibringen«.

Der Ortsname Hollern ist Zeugnis dieser Siedlungsgeschichte, Mönch Heinrich die Symbolfigur der sogenannten Hollerkolonisation. Der Künstler Carsten Eggers hat die Bronzefigur modelliert, die nachdenklich vor der Kirche Sankt Martini et Nicolai hockt. Ein identisches Pendant steht vor dem Dom von Rijnsaterwoude in Südholland.

Adresse Ecke Kirchweg/Bürgerei, 21720 Steinkirchen | **Anfahrt** von der A7 (Ausfahrt Hamburg-Waltershof) Richtung Finkenwerder/Cranz und Jork/Stade, am Ende der Straße Mojenhörn links in die Straßen Huttfleth, Obstmarschenweg und Bürgerei | **Tipp** Hinter der Kirche steht vor dem Haus von 1746 eine der wenigen noch mit Reet gedeckten Prunkpforten im Alten Land (Kirchweg 3).

107 Der Sandhaufen
Robinson Crusoes Abenteuerland

Nur zwei Spezies bewohnen die Insel Lühesand. Die Vögel im Schutzgebiet im Südosten, wo nur der Vogelwart hindarf. Der Bluthänfling. Der Karmingimpel. Die Klappergrasmücke. In der Mitte des drei Kilometer langen und nur 500 Meter breiten Sandhaufens, der zum Teil zu Twielenfleth gehört, sind die Dauercamper zu Hause. Sie haben halb verwitterte und bessere Wohnwagen hinter Büsche und unter Bäume geschoben und sich großzügig verteilt. »Das ist das Besondere hier«, sagt Platzpächter Holger Blohm. »Es gibt keine Parzellenstruktur. Die Wohnwagen stehen nicht in Reihen dicht an dicht.« Die Zelte der Kurzcamper haben am Südwestufer der Insel ihren Platz.

Holger Blohm hat das Campinggelände von Vater Wilhelm übernommen und der von Großvater Heinrich. Holger Blohm ist ein Kind der Insel. Geboren ist er nicht auf dem Sandhaufen, aber seit er denken kann, ist Lühesand seine Heimat. Eine Weile lebten die Blohms das ganze Jahr über auf der Insel. »Als Kind hatte man hier ein Gefühl wie bei Robinson Crusoe.« Nicht immer war das schön. In bittern Wintern musste der Vater den Sohn bei Wind und Wetter morgens im Dunkeln zur Schule aufs Festland rudern.

Holger Blohm ist auch Fährmann. Mit seiner Fähre Sottje 2 holt er im Frühjahr die Wohnwagen der Dauercamper vom Elbufer ab. Autos sind verboten auf Lühesand, sie bleiben auf dem Parkplatz vorm Deich. In der Saison tuckert Holger Blohm ein paar Mal am Tag zwischen Lühesand und dem Festland, um Tagestouristen hinüberzuschaffen und die Dauerbewohner zum Einkaufen zu bringen. Manche kommen seit Generationen. Sie lieben diese Wildnis, die Ruhe, das Abenteuer. Die Große Freiheit. Man kennt sich. Man duzt sich. Alle helfen sich gegenseitig.

Im Herbst muss alles runter vom Sandhaufen. Bevor die Stürme kommen und das Hochwasser. Horst Blohm schippert die Campingmobile wieder zurück. Ist ja nur bis zum Frühjahr. Dann sind alle wieder da.

Adresse Lühesand, 21720 Steinkirchen, Tel. 0178/3508137 (Fährbetrieb und Campingplatz), 04142/8800441 (Insel-Gasthaus) | **Anfahrt** von der A7 (Ausfahrt Hamburg-Waltershof) Richtung Finkenwerder/Cranz und Jork/Stade, rechts in die Straße Sandhörn, links großer Parkplatz, über den Deich | **Öffnungszeiten** Ende März–Anfang Okt., Fährbetrieb unter www.luehesand.de | **Tipp** Noch ein guter Platz zum Schiffegucken: der Wohnmobilstellplatz am Fährhaus Twielenfleth, nur einen Kilometer die Elbe abwärts (Am Deich 43).

STEINKIRCHEN

108_Tetsches Zuhause
So kam der Pümpel aufs Dach

Er hätte ein überdimensionales Spiegelei an die Fassade klatschen können. Aber das wäre vielleicht zu schrill. Und eine Lümmeltüte aus dem Fenster zu hängen gewagt provokant. Tetsche hat sich seinen Pümpel aufs Dach gestellt, dorthin, wo sonst der Wetterhahn kräht. Pümpel sagen die Norddeutschen. Andere sagen Abflussstampfer zu jenem Gerät, das zum Einsatz kommt, wenn das Rohr verstopft ist. Wie das Ei, das Kondom, ein Zahn oder die Säge ist der Pümpel eines von Tetsches Markenzeichen, die der unvergleichliche Humorist in seinen Cartoons versteckt. 44 Jahre hat der Meister des gehobenen Blödsinns für das Magazin stern die Seiten »Neues aus Kalau« und »Tetsche« illustriert. Wehe, der Pümpel fehlte!

Tetsche und seine Frau Madeleine Tödter wohnen seit 1988 hinterm Lühedeich in der alten Schule. Schon bald nach dem Einzug fand der Marder auf dem Dachboden Gefallen an den Elektrokabeln. Kurzschluss, Schwelbrand. Der Dachstuhl stand in Flammen. Auch das historische Schnitzwerk war vernichtet. Tetsche hat alles herrichten lassen. Giebelschwäne aber, das sonst im Alten Land übliche Dekor, hatten das Schulhaus nie geschmückt. Der Tischler hat für Tetsche »aus bester deutscher Eiche« den knapp einen Meter großen Pümpel gedrechselt und auf dem First montiert. Tetsche selbst hat die Saugglocke rot angepinselt.

Bald hundert Jahre, bis 1961, wurden hier Grundschüler unterrichtet. Neun Mark Schulgeld mussten die Eltern anfangs jährlich für jedes Kind zahlen. Der Lehrer verdiente 1.000 Mark im Jahr, 200 Mark gab's obendrauf, weil er in der Kirche die Orgel spielte. Im Winter nach dem Zweiten Weltkrieg wurde nur stundenweise unterrichtet, Brennstoff fehlte. Im Archiv ist aufgeschrieben: »Klappernd und frierend saßen die Kinder mit Handschuhen auf ihren Plätzen.« Im Juni 1947 haben erstmals Ärzte alle 221 Steinkirchener Schulkinder untersucht. 170 waren unterernährt. Sie waren dankbar für täglich ein warmes Essen, das US-Präsident Herbert C. Hoover initiierte.

Adresse Bergfried 5, 21720 Steinkirchen | **Anfahrt** von der A7 (Ausfahrt Hamburg-Waltershof) Richtung Finkenwerder/Cranz und Jork/Stade, am Ende der Straße Mojenhörn links in die Straße Huttfleth nach Steinkirchen, vom Alten Marktplatz vor der Brücke geradeaus in die Straße Bergfried | **Tipp** Hoffentlich kommt nichts ins Rutschen! Schräg gegenüber steht auf der Deichkrone ein windschiefer Buntklinkerbau, 300 Jahre alt. Die sogenannte Häuslerkate war typischer Wohnsitz der Landarbeiter (Bergfried 2).

TWIELENFLETH

109 — Der Bassenflether Strand
Zwei Kilometer weißer Sand

Dass zuletzt 400 Schüler am Vorabend der Zeugnisvergabe ausgelassen »School's out« gefeiert haben und am nächsten Morgen der Strand blitzsauber war, das hat den Bürgermeister und den ehrenamtlichen Strandaufseher beeindruckt. Kein Kronkorken im Sand, keine leeren Dosen, kaum eine Kippe und keine zerknüllte Tüte. Nur zehn blaue Müllsäcke, prall gefüllt, die dann das Team vom Bauhof abgeholt hat. »Die Schüler übernehmen Verantwortung«, lobte der Bürgermeister. Party machen am Strand und dann den Dreck liegen lassen, das passe nicht zur »Fridays for Future«-Bewegung. Da hatte es nach dem Vatertag ganz anders ausgesehen, die Jugendfeuerwehr musste anrücken, um sauber zu machen.

»Das geheimnisvolle Bassenfleth hat den schönsten Strand der Welt«, schrieb der SPIEGEL. Zwei Kilometer weißer Sand hinterm Deich! Man spielt Volleyball, baut Burgen, lässt Drachen steigen. Wer nicht in der Sonne brutzeln möchte, kann der Haut Erholung im Schatten von Bäumen und Büschen gönnen. Der Strand ist tief. Der Strand ist flach. Sanft fällt er ins Wasser ab. Man schaut hinüber über den Fluss, der an dieser Stelle mehr als zwei Kilometer breit ist. Schaut nach links vorbei an der Ruine des Atomkraftwerks, das irgendwann geschreddert sein wird. Fixiert die Punkte am Horizont, die immer größer werden, die man freudig erwartet. Bald werden sie zu Silhouetten der Hochseeschiffe, majestätisch ziehen sie in nur wenigen hundert Metern Entfernung vorbei. Schwell und Sog, die dabei entstehen, sind nicht ohne Risiko. Plantschende Kinder sind in Gefahr, ins Wasser gezogen zu werden.

Vom Parkplatz an der Straße, der oft zu klein ist, steigt der Strandgänger über die Deichtreppe und durchs Niederholz zum kleinen Paradies. Bald soll es auch Toiletten geben. Mit den Ämtern ringen die Altländer zudem um eine Strandbar als kultureller Treffpunkt. Um Lifestyle mit Krimi-Lesungen und Jazz unplugged im Sand.

Adresse Bassenfleth, 21723 Hollern-Twielenfleth | **Anfahrt** von der A26 (Ausfahrt Stade-Ost) Richtung Drochtersen/Wischhafen, rechts in die Straße Speersort, links in die Bassenflether Chaussee, rechts in die Straße Bassenfleth | **Tipp** Ebenfalls mit Blick auf dicke Pötte schwimmen, aber im sicheren Gewässer: Das Freibad Hollern-Twielenfleth ist zwischen Hamburg und Cuxhaven das einzige Bad im Außendeichbereich (Twielenfleth 41, geöffnet Mo 13 – 20 Uhr, Di–Fr 6 – 20 Uhr, Sa, So 8 – 19 Uhr).

110 — Der kleine Weiße
Mit dem Charme des alten Feuers

Die Bürger haben den Turm gerettet. Allen voran Obstbauer Hans-Heinrich Völkers. Als die Leuchtbake aussortiert und Opfer der Schrottpresse werden sollte, weil man das Fahrwasser in der Elbe verlegt hatte und eine andere Signalgebung brauchte, taten sich 200 Twielenflether zusammen. Schmiedeten Pläne und putzten Klinken, um Geld für die Restaurierung und Erhaltung des Schifffahrtsdenkmals aufzutreiben. Billig würde das nicht werden – tatsächlich bekamen die Retter 70.000 Mark zusammen. So konnte der kleine Weiße, der auch das Wappen der Gemeinde schmückt, 1984 umziehen hinter den Deich.

Früher hat er davor gestanden. Bei hoher Flut mit den Füßen im Wasser. Vom Deich war er über eine Art Gangway zu erreichen. Der Turm, 1893 errichtet, ist zwölf Meter hoch, unten eckig und oben rund, misst dort drei Meter im Durchmesser. Plus Umlauf. Eine Stahlkonstruktion. Als nach der Flutkatastrophe von 1962 der Deich erhöht wurde, hat man auch die Leuchtbake angehoben und auf einen zwei Meter hohen Sockel gestellt. Seit 1984 ersetzt der neue Twielenflether Leuchtturm den historischen Vorläufer. Der 20-Meter-Nachfolger ist ein Kunststoffturm, mit Glasfaser verstärkt und schwarz-weiß gestrichen. Neueste Technik, aber den Charme des alten Feuers hat er nicht.

Der kleine Weiße hat 90 Jahre Schifffahrtsgeschichte und sich wandelnde Schifffahrtsarchitektur gesehen. Vom Lastensegler über die Schiffe und U-Boote zweier Weltkriege bis zum modernen Container-Ozeanriesen. In einem winzigen Museum in der ersten Etage des Turms ist diese Entwicklung in einer Schiffsmodell-Ausstellung dokumentiert. Weiter oben, wo früher das Signalfeuer strahlte, beschreiben alte Karten Schifffahrtsrouten. Eine weit gereiste Seemannskiste, die früher jeder Seebär hatte, gehört zu den besonderen Exponaten. Einen Magnetkompass hat jemand vom Schifffriedhof im indischen Mumbai mitgebracht.

Adresse Ecke Twielenflether Chaussee/Am Deich, 21723 Hollern-Twielenfleth | **Anfahrt** von der A7 (Ausfahrt Hamburg-Waltershof) Richtung Finkenwerder/Cranz und Jork/Stade, in Hollern rechts in die Twielenflether Chaussee | **Öffnungszeiten** April–Okt. Mo 11–12 Uhr | **Tipp** Beliebter Treffpunkt auf der anderen Seite des Deichs: der Imbiss Kaffeeklappe. Der Kiosk auf dem schwankenden Ponton war Kartenhäuschen einer Fährlinie (geöffnet April–Okt. Mo–Sa ab 14 Uhr, So ab 11 Uhr).

TWIELENFLETH

111 Die Venti Amica
Neue Flügel für die Freundin des Windes

Es riecht nach Müllers Lust. Nach frisch Gemahlenem. Nach Dinkelvollkornmehl, Quetschroggen und Weizenschrot. Nach Geflügelfutter und Pferdemüsli. Feiner Mehlstaub liegt über allem. Venti Amica heißt die Mühle, Freundin des Windes. Schöner kann ein Mühlenname nicht sein. Seit bald 700 Jahren wird an diesem Ort geschrotet und gemahlen. Die Venti Amica ist eine der letzten mit Windkraft betriebenen Mühlen Norddeutschlands. Steht der Wind mal ungünstig, treibt ein Elektromotor das Mahlwerk an. Nach 51 Stufen ist auf der dritten Etage der Steinboden erreicht, der einen Holzboden hat. Hier drehen sich die Mühlsteine, daher der Name.

Zuletzt war die Mühle flügellahm. Im Sturmtief Paul im Sommer 2017 hat sie zu viel Wind abbekommen. Gewitterböen beschädigten die 22 Meter langen Flügel, drückten den Mühlenkopf aus seiner Führung, rissen die vier Tonnen schwere Welle, an der die Flügel befestigt sind, aus ihrem Lager. Totalschaden! Weil die Flügel abzustürzen drohten, haben Feuerwehrmänner und Techniker sie abgebaut. Lange lagen sie hinter der Mühle. Aber der Mühlenverein, der den Müller Hein Noodt unterstützt, hat die 160.000 Euro für die Reparatur doch auftreiben können. 2020 soll der Wind die Flügel wieder drehen.

Die Twielenflether Mühle hat vieles überstanden. 1331 ist erstmals ein Hinrich Wintmolner als Müller erwähnt. Die Mühle war eine Bockwindmühle, die auf einem Pfahl stehend, dem Bock, von Hand in den Wind gedreht wurde. 1818 wurde der Müller erschlagen, als im Sturm die ganze Mühle umfiel. Man hat dann eine Holländermühle gebaut, die 1822 und 1849 niederbrannte. Die Venti Amica, wegen des umlaufenden Balkons Galerieholländermühle genannt, ist seit 1851 in Betrieb. Der Wind scheint der Freundin des Windes nicht immer gewogen. Schon 2009 hatte ein Unwetter die Mühle demoliert. Früher war sie mit Reet gedeckt. Heute ist ihr Kleid aus grün gestrichenem Zinkblech.

Adresse Mühlenstraße 16, 21723 Hollern-Twielenfleth, Tel. 04141/76818 | **Anfahrt** von der A7 (Ausfahrt Hamburg-Waltershof) Richtung Finkenwerder/Cranz und Jork/Stade, in Hollern rechts in die Twielenflether Chaussee, nach der Rechtskurve auf der rechten Seite | **Öffnungszeiten** Mo–Fr 14–18 Uhr | **Tipp** Es gab viele Windmühlen im Alten Land. Außer der Venti Amica steht noch die Aurora in Borstel. Bis 1961 wurde hier gemahlen. Heute ist die Mühle Restaurant (Am Elbdeich 1).

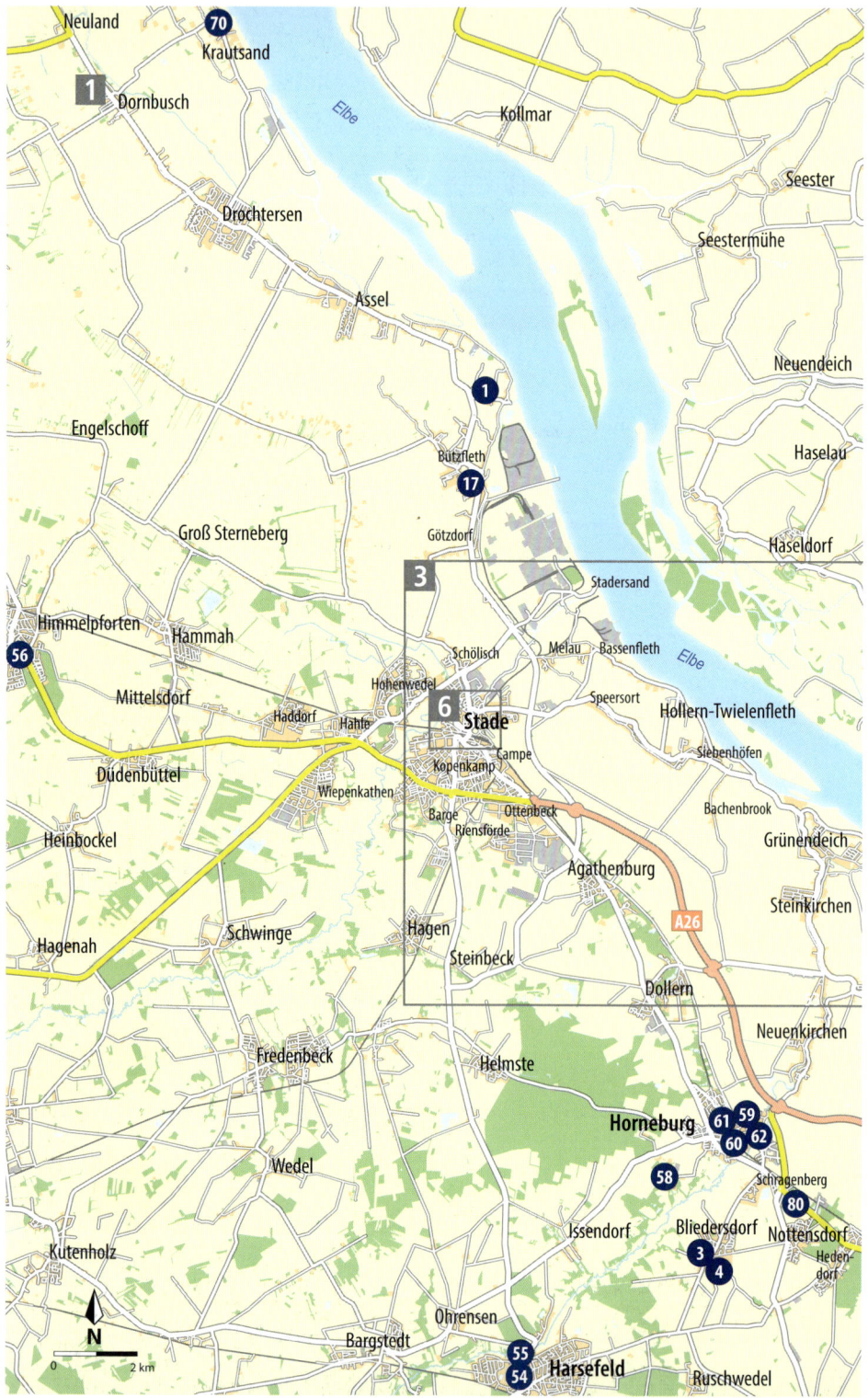

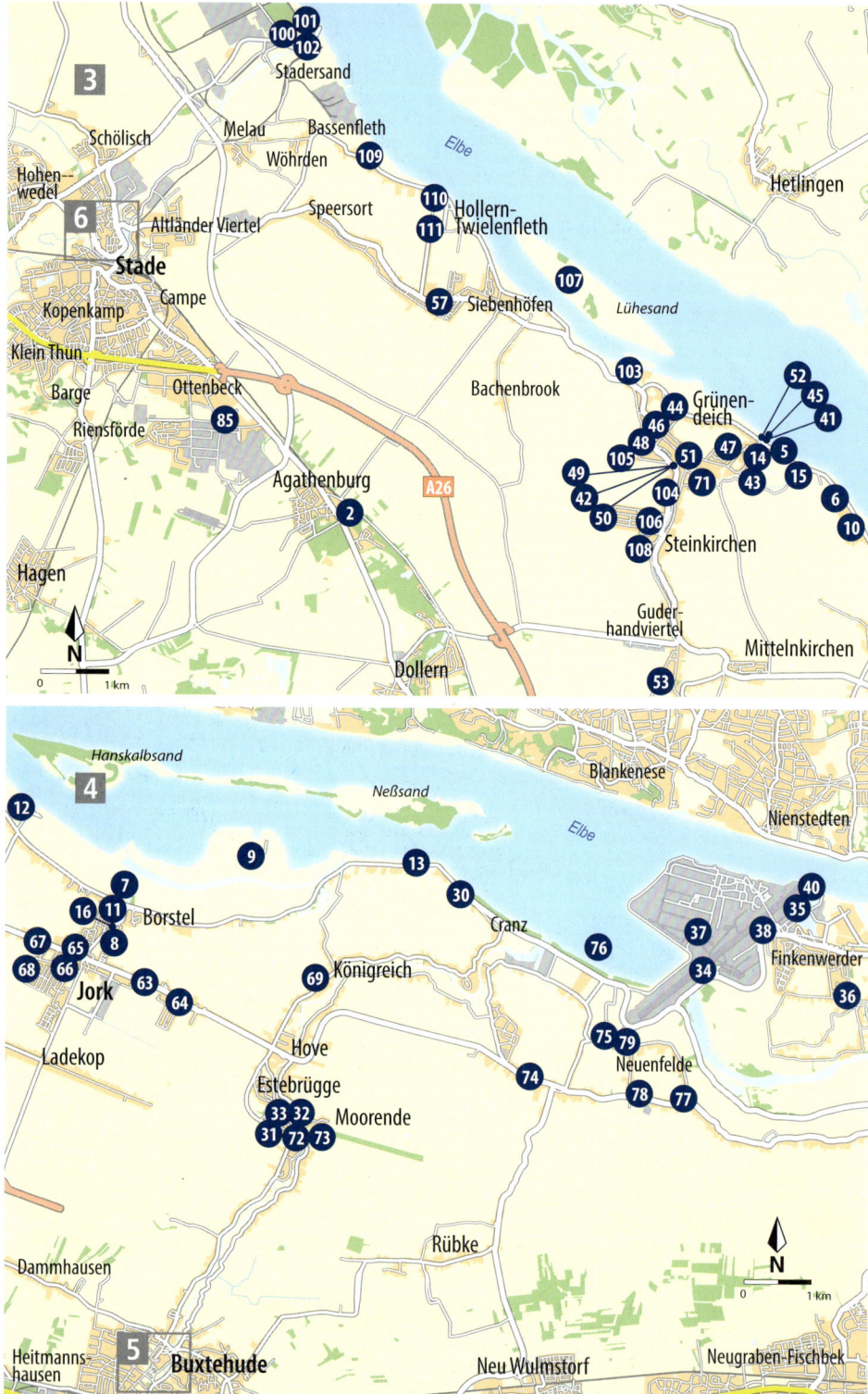

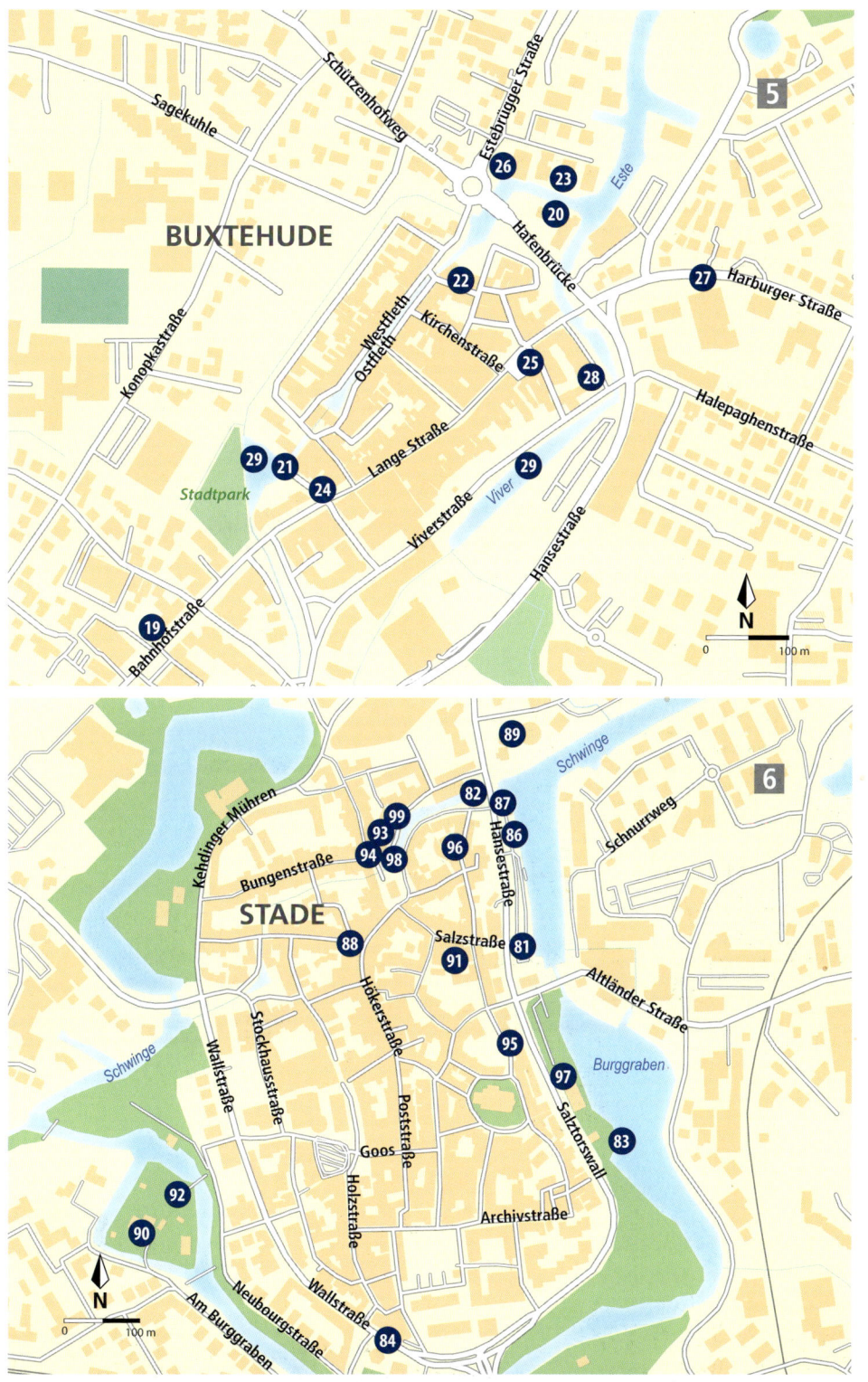

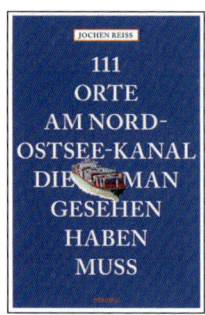

Jochen Reiss
111 Orte am Nord-Ostsee-Kanal, die man gesehen haben muss
ISBN 978-3-7408-0133-5

Jochen Reiss
111 Orte in Nordfriesland, die man gesehen haben muss
ISBN 978-3-95451-627-8

Jochen Reiss
111 Orte in Kiel, die man gesehen haben muss
ISBN 978-3-95451-705-3

Jochen Reiss
111 Orte im Fünfseenland, die man gesehen haben muss
ISBN 978-3-7408-0743-6

Jochen Reiss
111 Orte rund um Hamburg, die man gesehen haben muss
ISBN 978-3-7408-0564-7

Jochen Reiss
111 Orte in und um Göttingen, die man gesehen haben muss
ISBN 978-3-7408-0730-6

Stefanie Sohr, Volko Lienhardt
111 Orte auf St. Pauli, die man gesehen haben muss
ISBN 978-3-7408-0685-9

Rike Wolf
111 Orte in Hamburg, die uns Geschichte erzählen
ISBN 978-3-95451-418-2

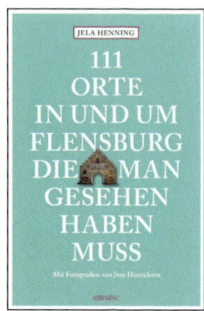

Jela Henning, Jens Hinrichsen
111 Orte in und um Flensburg, die man gesehen haben muss
ISBN 978-3-7408-0241-7

Vito von Eichborn
111 Orte zwischen Lübeck und Kiel, die man gesehen haben muss
ISBN 978-3-95451-339-0

Jana Jürß
111 Orte an der Mecklenburgischen Seenplatte, die man gesehen haben muss
ISBN 978-3-95451-536-3

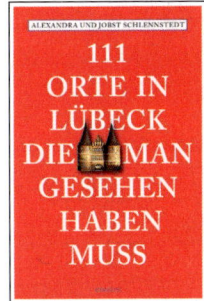

Alexandra Schlennstedt, Jobst Schlennstedt
111 Orte in Lübeck, die man gesehen haben muss
ISBN 978-3-95451-564-6

Sina Beerwald
111 Orte auf Sylt, die man gesehen haben muss
ISBN 978-3-95451-511-0

Alexandra Schlennstedt, Jobst Schlennstedt
111 Orte an der Ostseeküste, die man gesehen haben muss
ISBN 978-3-89705-824-8

Bernd Flessner
111 Orte auf Juist, die man gesehen haben muss
ISBN 978-3-7408-0548-7

Dorothee Fleischmann, Carolina Kalvelage
111 Orte im Weserbergland, die man gesehen haben muss
ISBN 978-3-7408-0341-4

Christine Izeki, Gerald Roemer
111 Orte im Wendland, die man gesehen haben muss
ISBN 978-3-7408-0352-0

Ingo Stock
111 Orte auf Spiekeroog, die man gesehen haben muss
ISBN 978-3-7408-0339-1

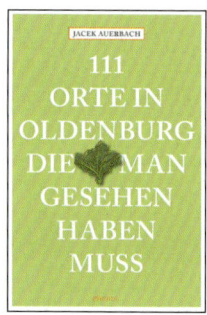

Jacek Auerbach
111 Orte in Oldenburg, die man gesehen haben muss
ISBN 978-3-7408-0249-3

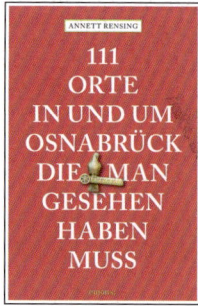

Annett Rensing
111 Orte in Osnabrück, die man gesehen haben muss
ISBN 978-3-7408-0239-4

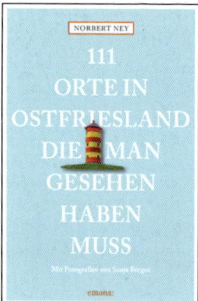

Norbert Ney, Sonja Bergot
111 Orte in Ostfriesland, die man gesehen haben muss
ISBN 978-3-95451-828-9

Ingo Stock
111 Orte im Teutoburger Wald, die man gesehen haben muss
ISBN 978-3-95451-859-3

Alexandra Schlennstedt, Jobst Schlennstedt
111 Orte in der Lüneburger Heide, die man gesehen haben muss
ISBN 978-3-95451-844-9

Cornelia Kuhnert, Günter Krüger
111 Orte rund um Hannover, die man gesehen haben muss
ISBN 978-3-95451-707-7

Axel Klingenberg, Thomas Hackenberg
111 Orte im Braunschweiger Land, die man gesehen haben muss
ISBN 978-3-95451-671-1

Cornelia Kuhnert, Günter Krüger
111 Orte in Hannover, die man gesehen haben muss
ISBN 978-3-95451-086-3

Bernd F. Gruschwitz
111 Orte in Bremen, die man gesehen haben muss
ISBN 978-3-95451-210-2

Jochen Reiss trainiert Medienprofis in Redaktionen in allen Stilformen und Spielarten des Journalismus. An Fachschulen und Akademien für journalistische Aus- und Weiterbildung, an Universitäten und in Unternehmen arbeitet er als Dozent. Er war Chefreporter und Stellvertreter des Chefredakteurs der Abendzeitung München. Seine Buchveröffentlichungen für emons: »111 Orte rund um Hamburg, die man gesehen haben muss«, »111 Orte in und um Göttingen, die man gesehen haben muss« sowie »111 Orte« am Nord-Ostsee-Kanal, im Fünfseenland, in Kiel, in Nordfriesland. Jochen Reiss lebt nördlich von Hamburg.

 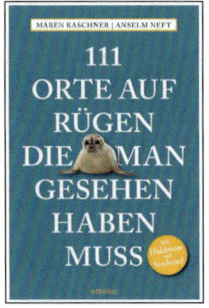 

Jela Henning, Jens Hinrichsen
111 Orte in und um Schwerin, die man gesehen haben muss
ISBN 978-3-7408-0635-4

Maren Kaschner, Anselm Neft
111 Orte auf Rügen, die man gesehen haben muss
ISBN 978-3-95451-837-1

Jan Gralle, Vibe Skytte, Kurt Rodahl Hoppe
111 Orte in Kopenhagen, die man gesehen haben muss
ISBN 978-3-7408-0243-1

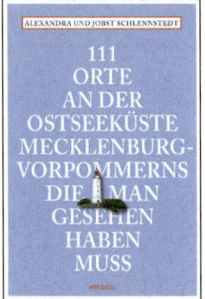  

Alexandra Schlennstedt, Jobst Schlennstedt
111 Orte an der Ostseeküste Mecklenburg-Vorpommerns, die man gesehen haben muss
ISBN 978-3-7408-0742-9

Paul Stänner
111 Orte im Münsterland, die man gesehen haben muss
ISBN 978-3-95451-116-7

Alexandra Schlennstedt, Jobst Schlennstedt
111 Orte in Ostwestfalen-Lippe, die man gesehen haben muss
ISBN 978-3-95451-109-9

Lust auf mehr? Laden Sie sich die »LChoice«-App runter, scannen Sie den QR-Code und bestellen Sie weitere Bücher direkt in Ihrer Buchhandlung.